Österreich

— 暢銷新修版 —

奧 地 利

= 最美繪旅行 =

從典雅風華到天堂絕景，
給自己最美好的人文自然之旅

文少輝 Jackman　傅美璇 Erica ── 著

Contents

新版前言

Austria

常常有朋友問我：「奧地利好玩嗎？」每次的回答大致是：「奧地利是一個集合豐富歷史文化和美麗自然風光的國家，加上完備的火車網絡、合理的物價水平，治安也算不錯，當地人很友善，鍾愛音樂與藝術的人更不用多說……」一切都是由衷之言。他們聽完後，臉上一副馬上要規劃奧地利旅行的樣子。

《奧地利最美繪旅行》是一本環繞奧地利大城小鎮的旅行故事，有些地方耳熟能詳，有些則是滄海遺珠，但通通都是值得造訪的美好地方。

當一本書在內容與銷售都取得不俗的迴響，便有機會踏上被譽為「二次生命」的改版階段。本人前作《最完美的瑞士之旅》、《義大利經典繪旅行》已經走過這個階段，隨之而來的就是《奧地利最美繪旅行》。與此同時，全新作品《荷蘭比利時魅力繪旅行》也同期上市，一下子兩本作品能夠並排於各大書店，與親愛的讀者們見面，真是一件值得感恩的特別禮物！

《奧地利最美繪旅行》初版時，收錄其中的格拉茲畫作（第 331 頁）入選了 Galleria Esdé 國際水彩畫大賽，並在義大利卡利亞里（Cagliari）與世界各地畫家一起參與展覽，於是趁著新版上市時，一起在這裡分享這個好消息。

1 │ 格拉茲畫作入選義大利 Galleria Esdé 國際水彩畫大賽。
2-3 │ 義大利卡利亞里展覽現場。

專為新版繪製的繽紛哈修塔特。

一趟環遊奧地利大城小鎮的旅程

Austria

這是一趟環遊奧地利大城小鎮的火車旅程。我們夫婦二人習慣在每年夏季完成一回長途旅行，不知不覺已經連續十年。這本書是關於奧地利的旅行故事，到底我們曾經考慮過哪些因素，而決定前往奧地利呢？在 Google Map 放大歐洲地圖，一個接一個的國家名稱在口中慢慢唸出來，有些國家我們認識比較深、有些只有一點點印象、有些是完全陌生。一開始，我們腦海裡浮現了「優美的大自然景色」和「豐富的歷史文化」，許多國家符合這兩項條件；然後再加上「交通網絡的方便性」和「較佳的治安」，範圍於是逐漸縮小。

四個決定要去奧地利的原因

心儀的目的地開始有頭緒了，我們又回到「優美的大自然景色」這項關鍵條件上。比如上一趟旅程的目的地是芬蘭和波羅的海三國，屬於低海拔的國度，以無邊無際的溼地森林為主，一旦走進森林，有一種無法離開的迷失錯覺。而我們也去了幾趟瑞士，這個奧地利鄰居自然是屬於高海拔地區，重重疊疊的高原群峰是最大賣點；不過每當想起地球暖化日益嚴重，雪峰冰川不斷消失，便痛心不已。

想著想著，高海拔的大自然景色好像已成為我們近年的心頭好。歐洲最主要也最重要的山脈自然是阿爾卑斯山，橫跨多國，其中東阿爾卑斯山貫穿奧地利的西部和南部，山地占此國面積多達百分之七十，因而造就其西高東低的地勢。再加上該國的高山區旅遊活動甚為多元化，除了坐纜車登上觀景台看雪峰冰川和高山健行外，還有世界最大的冰洞、鹽洞探祕等等。總而言之，以高海拔山區為主的奧地利，便成為一年一度長旅行的目的地。

奧地利良好的治安

另外，從多方面的旅遊資訊及旅客的評價來看，該國的治安普遍不錯。旅程結束後，我們也覺得奧地利治安整體上良好——當然，一線的觀光區如維也納和薩爾斯堡，還是要分外小心貴重物品。但基本上，晚上走在城市的大街小巷不會太過不安，也沒有遇上一些跟旅客討錢的人。

到奧地利旅遊，維也納與薩爾斯堡是行程的基本配備。圖為薩爾斯堡主教宮殿，是整座古城中擁有最重要的宗教、歷史及政治意涵的建築物。

因斯布魯克已經進入阿爾卑斯山的範圍，在古城區散步時可近距離觀賞到四周被群山圍繞的天然美景。此座凱旋門一邊是「生命與喜悅」的浮雕，另一面代表著「死亡與悲傷」的意義。穿過它後便正式進入古城。

七座城鎮的環奧地利之旅

擁有「音樂之都」、「多瑙河的女神」之美譽的維也納成為旅程的第一站,也是絕大部分首次到訪該國旅客的首站;其他大城小鎮依到訪的次序是:因斯布魯克、濱湖采爾、薩爾斯堡、哈修塔特、施拉德明及格拉茲。路線是由東至西,再繞回東部,足跡涉及五個聯邦州,最後返回起點維也納國際機場,才完成這一趟環奧地利之旅。

經典的五處熱門觀光區

先簡單介紹較多旅客認識的幾個地方。首先,薩爾斯堡有鹽城之稱,也是音樂天才莫札特的出生地,是奧國第二個主要觀光城市,跟維也納一樣深受全世界旅客的歡迎。至於哈修塔特,則有歐洲最美的湖畔小鎮之稱,在亞洲區特別紅,基本上是被大量亞洲旅客占據了。位於西邊的因斯布魯克和南邊的格拉茲算是二線觀光地區,前者是奧國第五大城市、被群山圍繞的美麗城鎮;後者是第二大城市、曾入選為歐洲文化之都,各有特色。

入住施拉德明鎮的旅客,便會即時收到 Summer Card,旅客可免費使用區內主要的交通及景點的纜車。

保持神祕面紗的兩處遺珠

因為希望在奧地利看得更多、發掘更深,所以除了上面五座熱門城鎮外,還特意安排濱湖采爾與施拉德明。這兩個地方對於一般亞洲旅客較為陌生,或許換一個說法,它們其實是亞洲以外的旅客主要造訪的「滄海遺珠」;先透露一下,Zell am See-Kaprun 的「See」不是英語,而是「湖泊」的德語,也就是說除了哈修塔特,我們也拜訪了另一處知名湖區。這兩處的神祕面紗留待後續揭曉。

規劃之初,我們都是先從該國的國家旅遊局官網著手,通常可以取得整個國家的觀光旅遊資訊,我們這條環繞七座大城小鎮的路線,最初的靈感與線索便來自奧地利國家旅遊局官網。接著,每個城鎮的詳細規劃,就要前往該地的旅遊局官網查詢,再加上一些旅客的遊記,然後增加一些地方、又刪減一些地方,反覆調整,這條我們心中最理想、環繞奧地利的旅程遂於焉誕生。◼

奧地利國家旅遊局 | www.austria.info
維也納旅遊局 | www.wien.info
因斯布魯克旅遊局 | www.innsbruck.info
濱湖采爾—卡普倫旅遊局 | www.zellamsee-kaprun.com
薩爾斯堡旅遊局 | www.salzburg.info
哈修塔特旅遊局 | www.hallstatt.net
施拉德明旅遊局 | www.schladming-dachstein.at
格拉茲旅遊局 | www.graztourismus.at

坐奧地利國鐵去旅行
悠閒舒適地深入奧地利大城小鎮

環遊奧地利大城小鎮的旅程，坐火車便可以輕鬆抵達。奧地利國鐵簡稱「ÖBB」，在歐洲眾多鐵路公司中，無論服務和準時度等，整體的評價都是名列前茅，大概與瑞士、德國及芬蘭屬於同一級別。

奧國的九座主要火車站

我們的旅程包括維也納、因斯布魯克、濱湖采爾、薩爾斯堡、哈修塔特、施拉德明及格拉茲等地，全部都是可以坐火車抵達的地方。奧國共有九個大站，扮演著交通樞紐的重要角色，其中八個是九個聯邦州的首府，而維也納、因斯布魯克、薩爾斯堡與格拉茲都是該國主要的火車站。

此圖為薩爾斯堡火車站，是奧地利西部主要的交通樞紐；每天人流不息，車站門口就是公車站，有很多公車可以直達古城區。

奧地利，正式名稱為奧地利共和國（Republic of Austria），是一個內陸國家，與多國接壤，東面是匈牙利和斯洛伐克，西面是列支敦斯登和瑞士，北面是德國和捷克。

奧國的兩條主幹鐵道路線

以首都維也納展開的鐵路網絡來看，旅客可以很容易掌握奧國鐵路的布局。處於東部的維也納，市內共有三座大型火車站，其中維也納中央火車站（Wien Hauptbahnhof）是最主要的，它是取代舊站而重新建成的現代化火車站，由此開展國內及國際的主要鐵路路線。事實上，奧國國內的主幹鐵路路線共有兩條，第一條是最長距離，由東至西，包含維也納、薩爾斯堡、因斯布魯克等五大站，然後可跨國至瑞士蘇黎世。我們其中一段火車之旅的路線就是：維也納→薩爾斯堡→因斯布魯克；換車一次，約四小時。

1 | 維也納
2 | 因斯布魯克
3 | 濱湖采爾
4 | 薩爾斯堡
5 | 哈修塔特
6 | 施拉德明
7 | 格拉茲

第二條主幹鐵路路線則是由東向南，大站包括維也納、格拉茲、克拉根福（Klagenfurt）及菲拉赫（Villach），同樣可以跨國，可遠至義大利的威尼斯。

這兩條國內的主幹鐵路路線可以從薩爾斯堡連接到菲拉赫，即是貫通由北到南的中部路線，其餘我們要去的地方，包括濱湖采爾、哈修塔特和施拉德明，都是沿著這條中部路線去的，由此可見坐火車環繞整個奧地利的大城小鎮都很方便。其他跨國路線還包括：維也納往布拉格（繼續延伸到柏林及漢堡）、維也納往布達佩斯等等。

奧地利國鐵訂票注意事項

1. 沒有任搭的通票

奧地利國鐵沒有推出專門給外國旅客任搭數天的火車通票，也沒有其他特別優惠的車票，旅客需要逐次購買。

2. 網上付費買早鳥的優惠車票

如果行程確認好，便可以在奧地利國鐵官網或使用手機 APP 購票，一般在三個月前會開放購票，在官網購票的旅客可透過電子郵件收到電子票證，列印出來或用手機顯示均可。前往火車站便直接上車，車掌會在車上驗票。不用說，使用手機 APP 會更方便，而且可即時收到火車班次的最新資訊。當然，使用在火車站購買的實體車票亦可。

3. 車票種類及取消車票

網上購票時，需要留意車票的時效性，即乘客只能搭乘指定班次，或是彈性地搭乘當中的任何一班。也要留意能否取消車票，即使可以取消車票，也可能只限前一天。

4. 座位多自由入坐，建議預先指定劃位

奧地利火車的座位可以自由選坐，沒有像日本分為自由座及指定座的車廂。在旅遊旺季、假日及上午的高峰時段，旅客特別多，便可能遇上沒有座位或與同伴分開坐的情況，而事實上我們曾經遇上好幾次乘客擠滿車廂的情況。

所以，長途的高級列車如 RJ 列車及 EC 列車，旅客可以多付 3 歐元，作為訂位費用，在網上挑選喜歡的座位，比如有桌子、鄰近行李架等座位。我們也曾經遇過有一節

除了網上，旅客亦可在火車站自助售票機購買實體車票。

網上訂購車票後，旅客會收到車票的 PDF 檔案，右下角為 QR Code。旅客可選擇儲存在手機中，或是列印出來成為實體車票。旅客進站時不用驗票，車掌是在車上驗票的。

Services

Journey Preview

PRINT

€ 26,30
Add to Basket

8:26 dep   **Graz Hbf**
            Platform 1B-D

            Railjet 74
            with destination Praha hl.n.

            ☐ **Reservation**
            Your seat will be reserved for you. Guaranteed!
            (+ € 3,00)

            6 intermediate points

11:02 arr   Platform 9A-C

上：在官網訂票時，系統顯示班次、車號等主要資料，另外可額外多付 3 歐元訂位費。

下：系統會顯示車廂及座位圖以方便旅客挑選座位，有需要的話，不妨選擇坐在接近餐車的車廂。

ÖBB Ticket Shop - Seat Reservation

Select the coach

Railjet 547
Wien Hbf > Flughafen Wien

	2nd class	2nd class	2nd class	2nd class	1st class ♿🍴	1st class	1st class Business
Taurus	21	22	23	24	25	26	27

wheelchair bay, pram area, children's cinema, guide dog space, restaurant, rest area

Select seat for 1 passenger

No seats available.

車廂幾乎大部分的座位都被預訂了，只好拉著行李去下一節車廂找空位。若已先完成購票，事後想要劃位，都可再進入系統補訂。

　　據我們觀察，火車上的乘客都很有默契，當發現座位被預訂，即使當下是空位，也沒有人會坐下去。這裡你可能會問：如何知道座位是被預約的？在座位上方的座位編號旁邊，有一個迷你小螢幕，如果有人訂位，便會顯示乘客上車及下車的車站名稱。因此，大家習慣坐下來前，會抬頭看一看，確認是否真的為空位。 ▬

1-2 ｜ RJ 列車車頭及二等車廂。
4 ｜ 我們點了黑咖啡及 Expresso。
5 ｜ 乘客不多時，當然選擇有桌子的座位啊！

3 ｜ RJ 列車除了有餐車車廂，也有服務人員會推餐車，座位上有菜單可以點餐，價位不貴，而且周邊各國貨幣都收。
6 ｜ 當有人預訂此座位時，座位編號左邊的迷你小螢幕會有提示。

旅程由維也納國際機場開始
16分鐘的直達火車載我們抵達市中心

Wien

睡醒了，張開眼見到窗外的漆黑星夜裡遠處一片璀璨城市的燈火，便知道目的地快到了。在香港國際機場時，因為延遲起飛一小時，此刻期盼盡快抵達維也納的心情非常熱切。

不久便踏進入境大廳，心情開始興奮起來。維也納國際機場（德語：Flughafen Wien-Schwechat／英語：Vienna International Airport）距離市中心約18公里，像其他發展完善的國際大型機場一樣，提供機場火車、巴士等運輸工具，接載旅客快速前往市區或其他城市。

維也納的主要火車站

火車是最方便的公共交通工具，不過要留意維市有多個火車站。最主要的車站包括：維也納中央火車站、維也納米特火車站（Wien Mitte）及維也納西站（Wien Westbahnhof），均有地鐵站連接；前兩者比較多旅客認識和使用，由機場開出的火車也是最快抵達這兩處，中央車站是國內及國際的主要鐵路路線，米特火車站也是國內

的主要鐵路路線，以及最接近市內的古城區；至於西站距離較遠。另外還有一個叫「Wien Rennweg Bahnhof」的火車站，在米特火車站與中央火車站之間，也算是在市中心內，雖然沒有地鐵連接，但有地面電車。

取行李後便進入機場的入境大廳，一直走，在下一層坐上火車，很方便。

連接市區的機場火車

　　機場火車站稱為「Flughafen Wien Bahnhof」，「Flughafen」是「機場」的意思。由此開出的火車共有兩種，第一種是奧地利國鐵，不同班次可前往維也納中央火車站及 Wien Rennweg Bahnhof，價錢均為 5 歐元，車程時間分別為 15 分鐘及 27 分鐘，每小時均有兩班。

　　第二種火車是城市機場快線（City Airport Train，簡稱 CAT），車程 16 分鐘，不停站，直達維也納米特火車站，單程約 13 歐元，每小時也有兩班。以車程時間來看，上述三者分別不大，主要是看旅客抵達目的地後，是要走路、搭地鐵還是坐地面電車前往住宿地。

1-2 ｜ 在大廳裡有兩種機場火車的櫃位，綠色櫃位及數量很多的自助售票機便是城市機場快線。我們在自助售票機購票。

3 ｜ 奧地利國鐵的主色是紅色，所以櫃位很容易找到。排隊的乘客比較多，大概是因為價錢的關係。

城市機場快線的綠色車身。

我們搭乘的城市機場快線，買票時以為不會有太多人搭乘價格較貴的列車，想不到最後幾乎全車爆滿。

想多體驗一種交通工具

我們按照住宿地的指示，先前往米特火車站，再換乘地鐵，最後步行不多於十分鐘。正好當時城市機場快線將於五分鐘內開出，再加上「想多體驗一種交通工具」的藉

不到十分鐘，計程車載我們到住宿地。

口，於是我們便沒有不善待自己的理由，馬上刷卡坐上有著綠色亮麗車身的豪華直達車。

16分鐘的車程，火車準時無誤地抵達目的地。維也納計程車起跳約 5 歐元（採用不同時段的收費，比如假日及深夜時段較貴），於是我們緊接著把行李放上計程車，司機不一會兒便載我們到了住宿處，收費約為 10 歐元左右。下一章便正式邁入奧地利旅程首站：維也納！

城市機場快線
目的地：維也納米特火車站
單程／來回票價：13 ／ 23 歐元
發車時間：每小時 09、39 分
車程：16 分鐘

奧地利國鐵
目的地：維也納中央火車站／ Wien Rennweg Bahnhof
單程／來回票價：均為 5 歐元
發車時間：每小時 03、33 分
車程：15 分鐘／ 27 分鐘

機場巴士
目的地：維也納中央火車站→維也納西站
單程／來回票價：10 ／ 15 歐元
發車時間：每小時 2 班
車程：40 分鐘

CHAPTER

維也納

Wien

1

走訪維也納地標
奧地利的精神象徵聖史蒂芬大教堂

這 趙為期三週的奧地利之旅，回頭看來算是比較幸運，整個旅程只有兩、三天遇上雨天。在維也納旅遊期間，天天都是陽光燦爛的美好日子。

內城區是昔日的整個維也納

維也納是奧地利九個聯邦州之一，雖然面積最小，卻最重要，數百年來都沿著歐洲第二大河多瑙河（Donau）兩岸發展。然而，在哈布斯堡王朝（Habsburg）統治的大部分時間，所謂的「維也納」，指的主要是現在的第一區（多瑙河南岸），即內城區（Innere Stadt），並以聖史蒂芬大教堂為中心發展起來。換言之，今日的內城區也就是昔日的整個維也納，而現今的整個維也納則劃分為 23 個區。

內城區於 2001 年列入世界遺產

內城區自然是旅客的焦點，稱霸歐洲多國的哈布斯堡王朝統治奧地利長達六百年，為當地建造了無數輝煌的建築，精華集中在這座內城區；此區於 2001 年列入世界遺產，統稱為「維也納歷史中心」，一柱擎天的聖史蒂芬大教堂是此區標誌性的建築物，四周環繞瑰麗的巴洛克宮殿及哥德風建築，過往的護城河及城牆在 19 世紀拆除，成為環城大道（Ringstraße）。

始建於 12 世紀的聖史蒂芬大教堂，是維也納的代名詞，成為許多旅客遊覽維也納的第一站；曾經歷過多場火災與砲火轟炸，卻能屹立不倒，堪稱奇蹟。

內城區的真實範圍

在 Google Map 觀看維也納內城區的實際範圍，許多廣場、花園、古蹟、著名建築與皇宮都在其中，道路大致呈現放射狀，而各大酒店也散落在內城區邊緣及外城區，比較少在內城區的核心範圍。

外城區的景點

內城區之外自然統稱為「外城區」，就是其餘的 22 個區，主要是繁榮的住宅區、商業區及郊區。但不要以為全部的景點都集中在內城內，比如號稱「維也納三大必看的皇宮」的美泉宮與美景宮，以及維也納中央市場，其實都在外城區。

內城區三座重要的地鐵站

　　維也納與稍後出場的因斯布魯克、薩爾斯堡及格拉茲等地，各自擁有歷史悠久的古城區，旅人們可以步行走遍每一處古城區，亦可搭配地面電車、巴士及地鐵輕鬆遊覽。維也納在這幾個古城區中是面積最大的，不過城牆早已消失，基本上從任何一個方向入城都可以，但是人流量較多的三個地鐵站，旅客不可不知。

內城區的核心位置：Karlsplatz 站

　　這三個有名的地鐵站，分別是 Karlsplatz、Stephansplatz 及 Herrengasse。整個內城區由 U1 及 U3 兩條地鐵路線縱橫貫通，而在地標聖史蒂芬大教堂前方的卡爾廣場便有 Karlsplatz 站，旅客可以坐 U1 或 U3 線直接抵達，然後在內城區的核心位置展開旅程。

進入內城區的重要入口：Stephansplatz 站

　　至於 Stephansplatz 站，包含 U1、U2 及 U4 地鐵線，以及多班地面電車也會途經，就在內城區南方邊緣，那處算是內城的重要入口，雲集了維也納國家歌劇院、維也納金色大廳、薩赫咖啡館、維也納旅遊局等熱門景點。我們通常會從此方向入城，沿著克恩滕大街（Kärntner StraßE）行走；這條長長的行人購物街，聚集各大餐廳、名店、伴手禮店，是內城區最著名的購物街之一，最早記載見於 1257 年。不停下來的話，約十多分鐘可走至卡爾廣場，莊嚴的聖史蒂芬大教堂便出現於眼前。

內城區的西邊：Herrengasse 站

　　Herrengasse 站是 U3 線，即是與 Karlsplatz 站一樣的路線，兩站相距不遠。在此處下車，就近的景點也滿多的，包括霍夫堡、中央咖啡館、德梅爾咖啡館及維也納聖伯多祿教堂。

　　我們住在內城區的南邊，走路到 Stephansplatz 站，約十分鐘，再加上 Karlsplatz 站與 Stephansplatz 站之間與周邊有不少景點及咖啡館，自然成為我們途經最多的路段。

維也納地鐵與地面電車是遊覽市區的重要交通工具。

❶

這裡是 Stephansplatz 站及周邊的重要景點，就在內城區南方邊緣，我們住在附近，幾乎天天走過此地。

後文介紹的聖史蒂芬大教堂，由此地開始走，需時約十分鐘。

1 │ 維也納國家歌劇院：可惜 8 月沒有歌劇上演，不過我們仍參加了歌劇院導覽團，走進華麗劇院觀賞一番。

2 │ 薩赫咖啡館：經常大排長龍的咖啡館，後文有薩赫巧克力蛋糕的介紹。

3 │ 維也納金色大廳：幸好 8 月亦有音樂表演，我們沒有錯過。

4 │ 維也納旅遊局：要獲取觀光地圖等重要資訊，當然是必去的地方。

教堂前方是史蒂芬廣場，當然與大教堂之名有關，地鐵站也是以此名而起。此廣場的遊客極多，從早到晚熱熱鬧鬧；據說 20 世紀以前，一排房屋將此廣場與另一座廣場隔開，這排房屋拆除後，史蒂芬廣場的名稱開始用於更大的區域。

奧地利的精神象徵：聖史蒂芬大教堂

　　漫遊古城之旅，大部分人都以聖史蒂芬大教堂或霍夫堡開始，我們也是；本文先以前者談起。

　　這座聖史蒂芬大教堂（德語：Stephansdom ／英語：St. Stephen's Cathedral）是哈布斯堡王朝的權力象徵，也是奧地利的精神象徵。教堂從 1147 年開始興建，歷經戰亂、大火以及不同時代的整建，最終以哥德式為主，並融合羅馬式與巴洛克式等風格建成。目前所見到的外觀規模，是在 1511 年定型的。

九個聯邦一起分擔重建經費

　　教堂經歷過幾次危機，包括 1683 年土耳其兵臨城下、1809 年拿破崙破城而入等，最大的破壞莫過於 1945 年二次大戰結束前幾天，教堂遭受連環砲火的襲擊，屋頂損壞最為嚴重。此教堂可說是戰後全民重建的精神象徵最大體現，修復經費由全國九個聯邦共同分擔，從 1948 年開始進行工程，直至 1984 年才重新開放。

聖史蒂芬大教堂與廣場

大教堂的建築風格新舊交雜，正面是羅馬式建築，高高的北塔則屬哥德式。右頁畫作是教堂正面，因角度關係，看不到南北兩塔。大教堂位於維也納最熱鬧的地段，只要搭乘地鐵，在 Stephansplatz 站下車即可抵達。

聖史蒂芬大教堂的南北高塔

大教堂最吸引目光的地方，自然是教堂兩邊的兩座高塔（不要以為是建在正立面的兩座塔），左邊為北塔，右邊是南塔；其中南塔特別高聳，高達137 公尺，使得教堂成為全世界第二高的哥德式尖塔教堂。兩座高塔均有觀景台，即使不登上去，記得也要繞著教堂外圍走一圈。

137 公尺高的南塔

全球第二高的哥德式尖塔教堂

教堂正面是羅馬式，正立面雙邊對稱的設計，如果繞著教堂走一圈，就會發現這原來是唯一對稱的地方。教堂有兩座受矚目的高塔，南塔有別於正門，採用哥德式風格，建於1359年至1433年間，以137公尺的高度成為全球第二高的哥德式尖塔教堂。

不對稱的雙塔成為極大特色

相對南塔，北塔在教堂的另一邊，卻是一座與南塔完全不對稱的圓頂高塔，高度只有約68公尺。

最原始的設計是希望兩塔對稱，但北塔蓋到六十公尺時，因為經費不足而被迫封頂，改為文藝復興式的綠色穹頂。這個昔日草草收尾的結果，意想不到成為此塔極為醒目的特色，長期引人關注。

從高處捕捉不一樣的古城風景

南北高塔都可讓旅客付費參觀，每邊收費大約7到8歐元，北塔有電梯，南塔則有343級階梯。我們是先在教堂內部搭乘電梯登上北塔，觀看景色後步出教堂，在外面找到南塔入口，再登上南塔觀景台，正常速度約十多分鐘。

在完整鳥瞰整個城市的大前提下，當然是南北兩塔都要上去；但如果一定要二選一，說實在，「比較矮的北塔」出奇地成為許多人的首選。可搭乘電梯的北塔，對長輩及小孩子而言當然很重要，但真正讓人們選擇它的原因，其實還有幾個。

1 ｜ 南塔：入口位於教堂外面，步行上去是愈來愈狹小的旋轉樓梯。
2 ｜ 北塔：須在教堂內搭電梯登塔。
3-4 ｜ 繞著教堂外面行走時，可觀賞到精緻的雕刻作品。
5 ｜ 在教堂外面的左側設有縮小的教堂模型，可以看出整座教堂外觀及不同尖塔的高度。

選擇北塔的原因

在此告訴大家，雖然南塔高出北塔一倍，但其觀景台位置是在塔的一半左右，實際高度是 67 公尺（整座為 137 公尺），而北塔觀景台則接近頂部，大概 60 公尺左右，兩者差別不大。

第二，北塔是兩層的戶外觀景台，人們可走動的空間比較多，可以繞來繞去從不同角度觀看，且奧地利最大的普梅林銅鐘也安放於此，人們可透過玻璃觀賞到。至於南塔觀景台只是一個室內場地，空間不算小，甚至還有紀念品販售處，但較不方便的是，旅客只能隔著不同方向的小窗戶觀看或拍照；若單純拍攝景色是一流的，只是拍攝人與景物的圖片便不夠理想。

可觀看到南塔的細節

還有，作為「全世界第二高的哥德式尖塔」的南塔，唯有登上北塔觀景台，方可近距離觀看其豐富的細節；另外，還有一座色彩豐富的屋頂，後文會交代。總而言之，站在北塔觀景台觀賞屋頂是比較好的方式。基於這些原因，如果只能登上一個觀景台，北塔會是首選。

旅客站在外面，可透過玻璃觀賞普梅林銅鐘，並閱讀銅鐘的介紹牌。

奧地利最大的銅鐘

剛才提及的普梅林銅鐘（Die Pummerin），又是一個值得分享的故事。1683 年，維也納人戰勝了鄂圖曼帝國的侵略，把繳獲的槍砲鑄成了巨型銅鐘。第二次世界大戰期間，大教堂遭受嚴重的侵襲，大鐘被破壞得僅剩碎片。後來人們把殘片搜集起來，重新鑄造普梅林銅鐘，並掛回北塔。銅鐘重達 21 噸，是奧地利目前最大的銅鐘。

聖史蒂芬大教堂正立面，以及圓頂北塔。

登上北塔鳥瞰全城

北塔的電梯大概是在戰後的修復期間安裝的，而且是兩層戶外空間的觀景台。此圖是由教堂正面觀望到的景致，圖左是建於教堂正立面的尖塔。

登上南塔鳥瞰全城

花了十分鐘爬行 343 級階梯，抵達南塔室內觀景台，與上頁圖片比較，雖然是同一個方向，卻可明顯發現自己已經站在更高的地方，看到更廣闊的景色，這也是南塔的價值所在。

下圖是室內觀景台，旅客可在來回幾道小窗子間觀看景色。話說回來，在這裡工作的紀念品店店員，真的不可以喝太多水，因為洗手間在地面，上一趟廁所要走兩次的 343 級階梯啊！

採用綠、黃、白及黑色琉璃瓦拼成的山形圖案，覆蓋整個屋頂。

23 萬塊琉璃瓦構成的華麗屋頂

把維也納內城的景觀盡收眼底，固然是欣賞的重點，不過此教堂的彩色瓦片屋頂也很有看頭。不曉得世上有多少座教堂具有此特色？印象中自己曾遊覽過的義大利、西班牙、瑞士、芬蘭等，都未曾見過一座教堂的屋頂竟然擁有如此繽紛的琉璃瓦。

教堂屋頂十分陡峭，即使下雪也不會堆積在屋頂上，遮掩掉它的繽紛之美；屋頂是由 23 萬塊單色釉的琉璃瓦（Glazed Tiles）拼成山形的圖案，最大焦點是三個巨大徽章，南側屋頂是三個之中最大的哈布斯堡王朝徽章——頭頂金冠、身配金羊毛勳章的雙頭鷹；而北側有兩個單頭黑鷹徽章，分別是奧地利國徽章與維也納徽章。

北塔可一覽琉璃瓦屋頂

剛才已提過，如果只能登上一塔，那就是北塔，最後要說的原因就是——在北塔觀景台的旅客，可以把屋頂看得比較清楚，因為其高度剛好與屋頂維持水平角度，旅客在戶外空間行走，便能仔細欣賞這座彩色琉璃瓦組成的屋頂，在陽光照射下亮光閃閃、耀目異常。

事實上，旅客在教堂附近的小巷之間也能觀看此屋頂的巨大圖案，但若以震撼程度，當然是登上觀景台近距離地觀賞，方可充分感受到這 23 萬塊琉璃瓦構成的壯闊威力！

深入教堂內部的地下墓穴

教堂內部同樣經過數度改建，因此混合了各式各樣的建築風格。陽光透過彩繪玻璃射入室內，變成柔和而優美的光線，堂內處處可見哥德、巴洛克等精緻雕刻的裝飾。此外，旅客亦可付費參加地下墓穴導覽團（Catacomb Tour），可從墓室的小窗子看到滿坑滿谷的骷髏人骨，他們都是昔日因為患上黑死病而死亡的人民；當時死亡人數實在太多而無法逐一埋葬，只能挖個墓穴集中起來。這裡的人骨超過一萬具，都是從各處墓穴搬移過來的。

墓穴下層還有一個器官收藏室，存放著 72 名哈布斯堡王朝皇族成員的內臟，通通儲放在大小不一的青銅罐中。根據皇室的傳統葬儀，屍體要分三處埋葬，心臟放在奧古斯丁教堂（Augustinerkirche），其他內臟放在此教堂，屍骨則放置在卡普齊納教堂（Kapuzinerkirche）。

黑死病紀念柱與彼得教堂

上面說到黑死病，內城區有一座黑死病紀念柱（Pestsaule），亦稱為「三位一體紀念柱」，是皇帝利奧波德一世（Leopold I）為感謝上帝終結黑死病而於 1686 年建設的，柱身由當時最著名的藝術家攜手設計完工，紀念柱兩側有噴泉。時至今日，已成為城中另一個重要景點。彼得教堂（Peterskirche）在此紀念柱附近的巷內，創建歷史可遠溯至 9 世紀初葉，是維也納第二古老的教堂，現在所見巴洛克樣式的建築於 1708 年完工。■

1 | 集合多種建築風格的教堂內部，旅客可參加導覽團進入墓穴。
2 | 建於 1686 年的黑死病紀念柱。

聖史蒂芬大教堂 | www.stephansdom.at

維也納三大皇宮巡禮 I
城中城皇宮建築群體
霍夫堡皇宮廣場的自在漫步

聖史蒂芬大教堂與霍夫堡皇宮，都是造訪維也納內城區的旅客第一時間會去的重點地方。以我們的經驗來看，兩處安排在同一天，時間是足夠的。不過實際上，正式旅程的第一天，霍夫堡皇宮才是我們的第一站，因為皇宮最靠近我們住宿的地方；至於聖史蒂芬大教堂則是在同日下午造訪。

維也納的城中城

霍夫堡皇宮（Hofburg Imperial Palace）位於內城區西南邊。從 13 世紀奠定下基礎建設，直至 20 世紀的 1918 年，哈布斯堡家族滅亡為止，在這六百年間，皇宮歷經數次整修增建，才形成今日我們所見，集壯觀、華麗、結構複雜於一身的建築群體。另外，由於占地範圍廣大，以「昔日的內城區就是整個維也納」的概念來看，不意外人們都會稱此座皇宮為「維也納的城中城」。

霍夫堡皇宮經歷過各個朝代皇帝的修建，至今占地超過 24 萬平方公尺，此圖是新皇宮及英雄廣場，我們旅程由此開始，一直走至舊皇宮。

歷代皇帝皆在此生活

　　這座皇宮要從 1279 年開始說起。它是神聖羅馬帝國、奧地利帝國、奧匈帝國、再到現在的奧地利共和國等歷代統治者最重要的統治中心，其中最具知名度的人物之二，便是奧匈帝國最後一任皇帝法蘭茲・約瑟夫一世，他與茜茜皇后亦曾居住於此。被譽為歐洲最美的茜茜皇后早已成為維也納非常受歡迎的觀光大使，皇宮內外或城中大大小小的伴手禮店必見其產品，皇宮內更設有茜茜博物館，可見其魅力非凡。

新任皇帝都曾增建皇宮

　　根據昔日皇室的傳統規定，新任皇帝不能入住上一任的居所，所以每一位新任皇帝都會改建或增建皇宮。兩段較大規模的擴建時期分別從 1438 年到 1583 年，以及從 1612 年到 1806 年，累積下來，現今的皇宮面積達到 24 萬平方公尺，擁有 18 棟建築物、19 座庭園及 54 處出口，展現了各個時代不同的建築風格。多座皇室居所加起來的房間數量共超過 2,600 間以上，目前平均有 5,000 人長期在皇宮內工作與生活。

現在的霍夫堡皇宮一共有 18 棟建築物、19 座庭院、2,600 個以上的房間。皇宮區建築群如此龐大與開闊的原因，是因為根據奧地利的傳統，新上任的皇帝不得住在前任皇帝的故居，每任皇帝上任時都必須興建自己的皇宮。

不規則的皇宮範圍

因此，有部分建築是相連的，也有些不相連，旅客無法一氣呵成地觀賞。目前整個建築群並沒有呈現方正、對稱的形式，不規則的皇宮範圍應該令不少初次到訪的旅客感到困惑、混亂，我們兩個便是其中的一分子。

今日霍夫堡皇宮已成為奧地利聯邦共和國總統府和政府的所在地，接待國賓的儀式通常在這裡舉行。除了總統辦公的地方，其餘部分作為會議、展覽場所與文化設施，比如皇家珍寶館、國家圖書館及西班牙騎術學校等。

兩種遊覽皇宮的方法

遊覽有兩種方式，第一是觀看皇宮宏偉壯觀的建築物與雕塑。由於此皇宮沒有主要入口，也沒有圍牆，而且旅客不用付費即可進入皇宮範圍，所以大家可從不同的方向進來，自由隨意地觀賞各式各樣的建築和雕塑。另外，沒有時間的限制，清晨、夜晚都可以參觀，因為沒有閘口。

第二種方法是付費入內觀賞皇宮內部，包括參觀茜茜博物館、皇室寢宮等。要完整地遊覽這座皇宮，當然是由外到內、採用這兩種方法。接下來，我們先從「免費的欣賞皇宮建築物和雕塑」說起。

13-17 世紀建成
18 世紀建成
19-20 世紀建成

霍夫堡皇宮及其周邊地圖

1 | 瑞士門　　2 | 法蘭茲皇帝廣場　　3 | 阿梅麗宮
4 | 宰相宮　　5 | 聖米歇爾大樓　　6 | 西班牙騎術學校
7 | 聖米歇爾廣場　　8 | 聖米歇爾教堂　　9 | 路斯大樓
10 | 卡爾大公爵的騎馬雕像　　11 | 歐根親王的騎馬雕像
12 | 霍夫堡新皇宮（奧地利國家圖書館）

英雄廣場

　　先從最西南邊的英雄廣場（Helden-Platz）說起。雖然昔日的城牆早已消失，人們仍可穿過霍夫堡皇宮大門，走進這座氣勢非凡的廣場。大門是法蘭茲・約瑟夫一世皇帝時代的產物，完全由士兵動手建造。由於我們的住處最靠近這座廣場，這趟皇宮之行便從這裡開始。

　　在整個建築群體之中，英雄廣場與霍夫堡新皇宮屬於較後期擴建的部分。1809 年拿破崙戰爭期間，這一帶原本的舊堡壘被拆除，1817 年重新規劃建成三座大型花園，大型開放式區域的英雄廣場便是其中一座，另一邊則有人民花園（Volksgarten）。

　　事實上，這座英雄廣場是沒有完全建完的帝國廣場（Kaiserforum）的一部分，現在已成為維也納十分重要的廣場，這裡曾發生過許多重要的歷史事件，包括 1938 年希特勒在此宣布德奧合併。

　　被稱為「英雄」的廣場，矗立著兩位彰顯哈布斯堡王朝鼎盛時期的英雄雕像。在新皇宮前方的那一座，是對土耳其人戰無不勝的薩弗伊公國歐根親王，與其遙遙對望的另一座，則是成功抵禦拿破崙的卡爾大公爵。

廣場上的國家英雄銅像，在日落色彩的妝點下，
更顯得歷史的滄桑感。

❶戰無不勝的歐根親王

歐根親王（Prince Eugene of Savoy, 1663-1736）在奧地利歷史上是一位舉足輕重的人物，被拿破崙列為歐洲史上最屬害的七位名將之一。

1683 年，他加入哈布斯堡王朝的軍隊，成為一名往返於前線和皇宮之間的通訊兵。就在同一年，土耳其包圍維也納，當時年僅二十歲的他，也參加了這次為維也納解圍的死戰，表現出超出一般軍人的果敢與聰慧，從此受到上級的留意。

1690 年，歐根親王在和土耳其人的較量中，奠定了自己在軍中的統帥地位。十年後，他因為累積軍功被封為元帥，無論是在西班牙皇位繼承戰中，還是在與法國路易十四的談判中，他都為哈布斯堡王朝立下汗馬功勞。在 1714 年至 1718 年的奧土戰爭中，老練的歐根元帥一直把土耳其人打到巴爾幹的貝爾格勒（Belgrade）。歐根親王是效忠三朝皇帝的老臣，為哈布斯堡王朝立下不可磨滅的功勳。

兩位戰績彪炳的大將，見證了哈布斯堡王朝的鼎盛時期，英雄事蹟讓奧地利人長年稱頌不已。請留意，這兩座雕像只依靠兩隻馬腳支撐全部的重量，可見是一種超高難度的雕刻技術。

❷ 成功抵禦拿破崙的卡爾大公爵

卡爾大公爵（Archduke Franz Karl of Austria, 1802-1878），是法蘭茲二世皇帝的弟弟。除了身為奧地利帝國尊貴的王子，他還是一位出色的元帥、軍事理論家。

在歷史上關於卡爾大公爵的介紹，多稱他為「拿破崙的剋星」。1809 年奧法戰爭初期，奧軍節節敗退，不到一個月，拿破崙的軍隊即攻陷維也納。就在國家面臨生死存亡之際，卡爾大公爵率領數萬精兵，攜數百門大砲，在維也納近郊伏擊拿破崙大軍，擊斃四萬餘人。

拿破崙曾說過他最大的敵人便是卡爾大公爵，兩人的關係有點像諸葛亮與周瑜，「既生瑜，何生亮」。

超級高難度的雕刻技巧

當你來到現場，會發現這兩座雕像有一個很特殊的地方，就是雕像只有馬匹的兩腳著地，整座雕像的重量只靠兩隻馬腳支撐。不用說，這是超級高難度的雕刻技巧，我真想知道是如何做到的？據說雕刻家斐科恩（Anton Fernkorn）後來發瘋了，原因是他無法再現相同的技巧。

霍夫堡新皇宮

英雄廣場前，一排呈現半月形、以弧狀展開的建築物，是巴洛克式的霍夫堡新皇宮（Neue Burg），正面的石柱呈弧形整齊排列，宏偉華麗。

1881 年開始建設，直到 1926 年新皇宮落成時，哈布斯堡王朝的末代皇帝卡爾一世（Karl I）早已退位八年。據說此皇宮有超過 1,500 間裝潢奇麗的房間，當中有 44 間極其奢華，可惜目前沒有開放給大眾觀賞。

目前這座新皇宮為奧地利國家圖書館，入口就在新皇宮的正門。途經時，看著這座華麗的皇宮，心裡會充滿佩服，世上竟有一個國家的皇室會把皇宮的一部分變成現代化的大眾圖書館。

一排呈現半月形、以弧狀展開的霍夫堡新皇宮，其正門入口便是奧地利國家圖書館，真是想像不到。

法蘭茲皇帝廣場

接下來進入霍夫堡舊皇宮、法蘭茲皇帝廣場（Kaiser-Franz-Platz），四周被不同時代的皇宮建築物包圍著，正面是阿梅麗宮（Amalienburg），廣場的右手邊是宰相宮（Reichskanzlertrakt）；稍後將介紹的茜茜博物館等可付費入內參觀的展區，就是在這幾棟建築物內。

廣場上有法蘭茲二世（Francis II, Holy Roman Emperor）的塑像，是神聖羅馬帝國的末代皇帝，也是奧地利帝國第

法蘭茲二世皇帝的銅像底座上刻有「AMOREM MEUM POPULIS MEIS」等字，意思是「我愛我的人民」，他在奧地利歷史上扮演重要角色。

一任皇帝，銅像底座刻有「AMOREM MEUM POPULIS MEIS」，意思是「我愛我的人民」。而那四任太太的雕像分別代表「法蘭茲二世的堅強、公平、守信與愛好和平」。

　　法蘭茲二世皇帝如何由神聖羅馬帝國皇帝，變成奧地利帝國第一任皇帝，想必在奧地利歷史中十分重要，不然其雕像不會被放置在皇宮最核心的範圍中，後文再詳說。

　　值得一提的是，皇宮唯一的咖啡館——霍夫堡咖啡館（Cafe Hofburg）就在廣場上。我們參觀完三大展區後，便直接走進這家皇室咖啡館，品嚐在維也納的第一杯咖啡。

瑞士門

　　廣場上一角有一座紅底藍橫紋的門，上方有金色的哈布斯堡雙鷹家徽，稱為「瑞士門」（Schweizertor），是昔日舊皇宮的主要門口。建於 1522 年的瑞士門，當時的斐迪南一世（Fdtdinand I）希望把古老的城堡改建成文藝復興式的宮殿，瑞士門也是那個時代的產物，當時此門外是一條護城河，連接城內外的是一座吊橋，現在已不復存在。由於瑞士人生性剽悍，又對主子忠誠，得到許多歐洲皇室的重用，而哈布斯堡王朝當然也不例外，故這座大門有此美名。像梵蒂岡，到目前為止仍是沿用多年來的傳統，聘用瑞士人看守主要出入口。

1 | 廣場上的霍夫堡咖啡館，建築物為宰相門，入內參觀時就在此座建築物內。
2 | 歷史十分悠久的瑞士門。

聖米歇爾廣場

　　這部分介紹會出現聖米歇爾廣場（Michaelerplatz）、聖米歇爾大樓（Michaelertrakt）和聖米歇爾教堂（Michaelerkirche），容易混淆，大家可要留意。按落成年分來看，最久遠的是教堂（不屬於皇宮的一部分），接著才是廣場與大樓，後兩者是以教堂而命名的。

　　如果旅客從內城區或是 Herrengasse 地鐵站步行過來，會先見到美麗弧形設計的聖米歇爾大樓，這處才是霍夫堡舊皇宮最重要、也最熱門的入口。

維也納最繁忙的廣場

　　聖米歇爾廣場最初於 1725 年開始設計及興建，最終是在 19 世紀末聞名於世。實際上，它是一個不算大的圓形廣場，共有四條通往霍夫堡舊皇宮的街道在這裡會合。昔日，它作為公共廣場之用，是皇室與平民碰撞的地方，皇室與人民的距離竟意外地靠近。

　　跟聖史蒂芬大教堂前的廣場一樣，現在這裡是旅遊照相的熱門場所，旅行團導遊即使行程緊湊，也必定會帶團員來此廣場走一圈，所以這裡從早到晚都是人山人海的。

　　入夜後，閃耀燈光下的聖米歇爾大樓相當迷人，大家不要錯過在晚上來此欣賞一番。順帶一提，廣場右側巷道便是著名的中央咖啡館，我們就是在那兒享用晚餐後，繞來欣賞夜色下的聖米歇爾廣場。另外，廣場前有一處遺跡，是在 1989 年至 1991 年整修廣場時意外發現的古羅馬古蹟，據稱是公元 1 世紀時的古羅馬士兵家眷的屋舍，可見此區歷史相當悠久，目前以開放形式讓人自由參觀。

聖米歇爾大樓

聖米歇爾大樓是一排以弧形展開的壯麗建築物，於 1893 年完工，青銅色屋頂與潔白屋身，是非常光彩奪目的巴洛克式建築。兩側除了各有「駕馭海洋」與「駕馭陸地」的噴泉雕像，門前也有四尊氣勢非凡的海克力斯雕像，是陸地與海洋力量的象徵。（上圖為正門前四尊雕像的最左邊一座。）

聖米歇爾廣場

這裡是整個市中心最重要的廣場之一。昔日皇室人員只要步出聖米歇爾大樓，便會與平民百姓在這座廣場上直接接觸。聖米歇爾廣場實際上是一座小型的圓形廣場，共有四條通往霍夫堡舊皇宮的道路在此會合。中間是一個露天的坑洞，內有古羅馬遺跡。

聖米歇爾大樓

　　潔白色的聖米歇爾大樓，長方形的屋身類似於新皇宮，於1893年完成，配上青銅色屋頂，是非常光彩奪目的巴洛克式建築。弧形立面上充滿精緻的塑像，正門有四尊出自希臘神話的半神英雄迎接大家，大樓兩側亦有兩座巨型噴泉雕像。

　　從大門進入，便是穹頂迴廊，應該沒有人會不抬頭觀看門內五十公尺高的穹形屋頂，上頭有八個圓窗讓天光灑進；門內兩側也有多座雕像。這裡也是進入皇宮參觀茜茜博物館的入口。人們與馬車穿過此迴廊後，便會進入上文提及的法蘭茲皇帝廣場。

1 ｜大樓正門有手工精緻複雜的鐵製裝飾，令人嘆為觀止。
2 ｜大樓內的穹形屋頂。

大樓內的穹頂迴廊，旅人與馬車川流不息地進出皇宮範圍。
此起彼落的馬蹄聲，營造出濃濃的中世紀風情。

聖米歇爾教堂

　　廣場的一角有一座羅馬式建築，那就是聖米歇爾教堂。此教堂擁有 78 公尺的高塔，建於 1250 年，早年是哈布斯堡王朝的宮廷教堂，從廣場與大樓皆以教堂命名來看，可知其中的重要意義。

　　它與皇宮一樣，因歷經數度增建，因此成為綜合羅馬式、哥德式等多樣建築風格的教堂；教堂外屋頂的雕刻主題，是米歇爾天使討伐惡魔的故事。有四千多人長眠於這座教堂的地下墓穴裡，他們都是 1631 年至 1784 年間逝世的。此外，這座教堂也是重要的宗教音樂表演場所，莫札特的最後一部作品《安魂曲》便是在此舉行重要的首演。

平凡又經典的現代建築

　　聖米歇爾廣場的特色建築真是包羅萬象，這處還有一幢與羅馬式或巴洛克式建築格格不入、卻又被視為經典建築的路斯大樓（Looshaus）。它建成於 1910 年，由 20 世紀最偉大的建築師之一阿道夫‧路斯（Adolf Loos）所設計。據說這是第一座在內城區出現的現代建築，以現代人的角度來看，這幢大樓有點平凡無奇，但在一百年前，它確實掀起了建築革命的浪潮，是當時最引人注目的創新建築之一，被當時的皇室形容為「沒有眉毛的房子」。■

1 │ 路斯大樓。
2 │ 聖米歇爾教堂。
3 │ 聖米歇爾大樓。

霍夫堡皇宮 | www.schlosshof.at

維也納三大皇宮巡禮 I
集美麗與哀愁於一身的傳奇故事
參訪霍夫堡皇宮內部

Wien

霍夫堡皇宮歷經六百多年的多次增建，才形成如今我們所見的規模。相對上一篇以欣賞霍夫堡皇宮建築群的外觀為主，本篇則聚焦在「付費進入觀賞」的部分——即茜茜博物館（Sisi Museum）及皇室寢宮（Imperial Apartments）兩大展區。售票處正是大部分旅客第一時間都會走到的聖米歇爾大樓內部。可惜的是，這兩處展區都不開放拍照。

在介紹兩大展區前，必須說明奧地利的歷史，否則無法明白人物關係與歷史脈絡。畢竟這不是一本歷史書，所以我會用最簡潔的方式來說明。

霍夫堡舊皇宮門票

門票分為兩種，第一種是包含語音導覽機的茜茜博物館與皇室寢宮合售的門票，價錢約 17.5 歐元。第二種稱為「Sisi Ticket」，是三個地方的聯合門票，包括茜茜博物館、皇室寢宮、美泉宮及皇室家具展館，有效期為一年，每個景點只限進入一次，價錢約 44 歐元。我們使用的是 Sisi Ticket。

1 │ 門票處就在聖米歇爾大樓的穹頂迴廊。
2 │ 門票圖像是茜茜皇后。

奧地利的歷史概述

神聖羅馬帝國時期 (962-1806)

　　將奧地利的歷史粗略劃分，中期為西元 962 年至 1806 年的神聖羅馬帝國時期，其中哈布斯堡家族成員扮演非常重要的角色，尤其到了後期，多數家族成員皆擔任過帝國統治者。此帝國最後一任皇帝即是上文介紹的法蘭茲二世。

　　法蘭茲二世首先是神聖羅馬帝國皇帝（1792-1806），話說當時國力大不如前，他為阻止拿破崙想當神聖羅馬帝國皇帝的夢想，便在 1806 年解散帝國，又同時成立奧地利帝國，由自己擔任第一任皇帝，史稱「法蘭茲一世皇帝」（1806-1835）。可惜最終仍無法抵抗拿破崙，被迫以和親的方式把女兒嫁給對方，成為「拿破崙的岳父」。期間及往後還發生很多影響深遠的事情，這裡就不逐一說明，但自此之後，數百年來具有影響力的哈布斯堡王朝已走上衰退之路。

奧地利帝國 (1806-1867) 及奧匈帝國 (1867-1918)

　　法蘭茲‧約瑟夫一世（Franz Josef I）於 1848 年登基為皇帝，比起法蘭茲二世皇帝影響更深遠。其後，他於 1867 年建立奧匈帝國。在這段跨越奧地利帝國與奧匈帝國長達 68 年的統治中，他深受人民敬愛，晚年更被尊稱為「國父」。他於 1916 年逝世，兩年後，哈布斯堡王朝已成往事。

奧地利共和國時期 (1918 至今)

　　1918 年，奧地利結束君主制，建立共和國。國家元首是聯邦總統，實權由聯邦總理所持有。

1 ｜聖米歇爾大樓外觀。　　2 ｜茜茜博物館位於宰相宮的二樓。　　3 ｜皇室寢宮位於宰相宮的二樓及阿梅麗宮的二樓。

聖米歇爾大樓的青銅色屋頂，雕刻裝飾相當華麗繁複。

霍夫堡舊皇宮的兩大展區

　　哈布斯堡家族成員在奧地利統治六百年，現在進入霍夫堡舊皇宮，看到的基本上是關於這個稱霸歐洲的皇族故事。皇室寢宮及茜茜博物館便是以「被稱頌為奧地利國父」的法蘭茲‧約瑟夫一世及「被譽為歐洲最美的皇后」的茜茜皇后為主角。關於茜茜皇后的傳奇故事在這數十年來已推出多部電影和歌劇，比如電影《茜茜公主》三部曲，首部曲於 1955 年在歐洲上映，在華人社會引起不少迴響。皇室寢宮的 21 間陳列室，劃分為三大展區，包括「法蘭茲‧約瑟夫一世皇帝居室」、「茜茜皇后居室」，以及「亞歷山大居室」，焦點當然落在前兩者。

茜茜皇后

法蘭茲・約瑟夫一世

值得大讚的語音導覽服務
這次的旅程發現奧國展覽館的語音導覽做得不錯，幾乎各種展覽館都會提供免費的語音導覽機。要知道，不少國家的展館都需要旅客額外付費的，幾塊歐元跑不掉。
另外，中文的語音導覽也成為主流之一；最意外的貼心服務是，旅客若希望重溫內容，可以在相關網站下載語音檔案，像霍夫堡皇宮的官網便準備多種語言的語音及文字導覽檔案，都可免費下載。

最勤勞的奧地利皇帝

法蘭茲・約瑟夫一世皇帝的居室，包括皇帝的朝見大廳、會議室、宴會廳等等；簡單樸實是我對這間臥室的第一印象，沒有華麗的擺設或裝潢，只有一張鐵床和簡陋的盥洗用具。

我們邊走邊聽語音導覽，了解到他習慣每天清晨 6 點多起床，盥洗完後便穿上軍服上班，一直忙碌到晚上 9 點才下班，甚少娛樂，直接回去睡覺。一直到晚年都過著有如清教徒般的生活，我想他必定會當選為「最勤勞的奧地利皇帝」。

走進茜茜皇后的世界

茜茜皇后（全名為 Empress Elisabeth，奧地利人通常稱呼她「SiSi」），是巴伐利亞皇室的公主。1845 年，17 歲的她嫁給 25 歲的法蘭茲；可是因為過慣自由自在的生活，無法適應嚴謹的宮廷禮儀，又加上法蘭茲母后不許她管教孩子，她甚至幾乎不能與孩子見面。最受打擊的是她早年喪女，中年又失去兒子（共有四名子女），因此她經常到其他國家度假旅行，住在皇宮的時間不多，人民幾乎忘了還有這位皇后。勤政愛民的法蘭茲無法常常陪伴茜茜，但一直深愛著她，經常寫信表達思念之情。

茜茜博物館展示茜茜皇后從小生活的環境、結婚時所穿著的結婚禮服、登上匈牙利皇后的正式禮服、被刺殺時所穿的黑色禮服，甚至打造她在歐洲旅行時搭乘的火車車廂；而她晚年一心求死⋯⋯看完這些事蹟總令人不勝唏噓，可以看出她是一名現代女性，卻活在不容許她快樂的年代。

晚年的她在前往瑞士的旅途中，被義大利政治狂熱分子以一柄三角銼刀刺進心臟，當天晚上因失血過多而過世，享壽 61 歲。此消息傳回奧地利舉國譁然，法蘭茲皇帝十分難過。

一代國后

慘遭殺害這樣戲劇性的結局喚起人民對皇后的注意，也留意到她的美貌，傳奇的一生足以帶來商機，於是當地人特別用心在這位奧匈帝國最後一位皇后的行銷上。茜茜皇后的畫像不但出現在餅乾盒、明信片上，甚至在 1950 年代拍攝成電影，成功將她推上國際舞台，塑造出一代國后的形象，以吸引世界各地的粉絲來朝聖。■

由法蘭茲・克薩韋爾・溫德爾哈爾特（Franz Xaver Winterhalter）繪製的茜茜皇后畫像。這是茜茜皇后最廣為人知的美麗形象。

茜茜博物館內不開放拍照，但官網上有非常豐富的數位導覽資源，有興趣的讀者仍可上網一窺皇宮內金碧輝煌的裝潢陳設。

維也納三大皇宮巡禮 II
見證哈布斯堡家族興衰的皇宮
參訪郊外明媚的美泉宮與花園

美泉宮是歐洲第二大的皇宮，坐落維也納近郊，為哈布斯堡王朝最傑出的女性統治者瑪麗亞・泰瑞莎在 1743 年下令興建。此宮也是法蘭茲・約瑟夫一世出生的地方，並在此度過其晚年。

美泉宮（Schönbrunn Palace）是擁有將近三百年歷史的皇宮，橫跨了神聖羅馬帝國、奧地利帝國與奧匈帝國等三個時期。霍夫堡是哈布斯堡家族的冬宮，美泉宮則是夏宮，這兩座皇宮皆是王朝輝煌年代的最佳見證。

美泉宮的名字由來

「Schönbrunn」是德語，有「美麗的泉水」之意。傳說 1612 年神聖羅馬帝國皇帝馬蒂亞斯（Matthias）在這一帶狩獵，飲用泉水，大讚清爽甘甜，遂命名此泉水為「Schönbrunn」，此字便成為這地區的名稱。

1743 年，奧地利女皇瑪麗亞・泰瑞莎（Maria Theresa）下令在此區興建典型巴洛克式皇宮和遼闊廣大的花園。這位女皇真是非比尋常，在位四十年，不但是哈布斯堡王朝、也是歐洲帝國史上最有權力的女性統治者，所以才有能力在霍夫堡皇宮以外多興建一座皇宮。以規模而言，美泉宮是歐洲三大皇宮的第二名，總面積達 2.6 萬平方公尺，僅次於法國凡爾賽宮，第三名則是西班牙馬德里皇宮。

前往美泉宮的交通

美泉宮雖然位於維也納內城區以外的地方，不過只需坐地鐵到 Schönbrunn 站，下車走幾分鐘便可輕鬆抵達。我們繼續使用 Sisi Ticket，這是一張美泉宮及霍夫堡舊皇宮的聯票，不用排隊買票便可直接進入美泉宮。

皇家指定的美泉黃

在明媚的陽光下，當我看到皇宮正立面時，特別注意它的主色。美泉宮典雅的明黃色異常鮮豔，是一種特別的黃色嗎？在啟程前，我在官網做功課，留意到這段皇宮歷史。這是一種具原創性的赭色（Ochre），原來在這之前還未納入顏色系統，後來因為美泉宮的使用，才將其定名為「Schönbrunn Yellow」（美泉黃），這種具有皇室名字的獨特黃色從此成為「皇家的指定色」，所有奧匈帝國及哈布斯堡王朝的建築都會被漆上此色。

1 ｜ 從地鐵站出來，走路約莫七、八分鐘就可抵達皇宮大門。
2 ｜ 一走進大門就能看到哈布斯堡家族的守護神——鷹，矗立在兩旁。

皇宮外觀的黃色後來被稱為「Schönbrunn Yellow」（美泉黃），奧匈帝國與哈布斯堡王朝的皇家建築都採用這樣的顏色作為代表。

參觀皇宮的第一部分就是宮殿展區（不可拍照），我們拿著導覽機，在這座擁有四十個房間的華麗皇室空間中漫步，一個又一個美麗、哀愁的皇室故事彷彿在眼前上演。美泉宮的總房間數量多達 1,441 間，全屬洛可可風格，目前開放其中的四十間，當然是最精華的一部分。在女皇瑪麗亞‧泰瑞莎時代，大約有 1,500 人在此居住及工作。

神聖羅馬帝國最後一任皇帝與美泉宮

回看這座皇宮精彩又複雜的歷史，篇幅有限，我只能挑選幾段來說。首先是法蘭茲二世皇帝，他是神聖羅馬帝國最後一任皇帝，曾經將這裡當作夏宮（因為之前曾一度無人居住）；期間，拿破崙也曾兩度占領並入住，30 號房間就是他當時的房間。

在法蘭茲二世時代，美泉宮進行過一次大型的翻修，美泉黃也是在當時漆上的，宮殿從此變得樸實大方，沒有過多華麗的裝飾，現在我們觀賞到的規模就是那場大整修後的成果。

法蘭茲皇帝及茜茜皇后的六間焦點房間

在霍夫堡一文已提過法蘭茲‧約瑟夫一世及茜茜皇后貴為「維也納的觀光大使」，所以美泉宮的四十間房間中，屬於他們兩個人的都是焦點內容，占據的房間數量也最多。

分別有：法蘭茲辦公室（4 號房）及臥室（5 號房）、茜茜皇后的接見大廳（10 號房）、兩人共同的臥室（9 號房），以及三間專屬茜茜皇后的小房間（6 至 8 號房）。因此停留在這些房間的旅客自然特別多。

事實上，法蘭茲皇帝與美泉宮也有莫大關係，據說此宮是他最喜歡、居住時間也最長的地方，原因之一可能是因為他在此出生，童年和青年時期的夏季都在這裡度過。

法蘭茲皇帝在 5 號房離世

我們來到其辦公室觀看他一天忙碌的工作流程，早上 6 點便從臥室直接來此工作，整天都在寫字桌上度過，早餐與午餐也在這張辦公桌上解決，一生如此。至於旁邊的 5 號房臥室，便散發著一點哀傷的氛圍——法蘭茲皇帝就是在這間房間中央的大床上去世的，而牆上掛有一張畫，是後來畫家根據他離世前的情景畫下，只見眾人圍著他，神情盡顯悲戚。

值得一提的是，兩人共同的臥室（9 號房）是為了他們的新婚大典而設計的房間。還有，雖然茜茜皇后不喜歡皇宮生活，常常在外國旅行，但這裡屬於她的房間都很講究，比如她會在 7 號房寫信、日記和詩歌，9 號房則是盥洗梳妝間，也是她的「健身房」——跟霍夫堡一樣，擺放攀登架等器材，她在裡面做運動以保持身材。

皇室花園之行，一路走在鬆軟的碎石路面上，享受這美好的時光。走累的人們隨意找一排椅子小憩，到處洋溢休閒溫情之感。

津津樂道的小插曲

　　16 號的明鏡廳（Hall of Mirrors）是另一間不能不提的房間。此房是女皇瑪麗亞·泰瑞莎舉行家庭宴會或小型音樂會的空間。1762 年那一年，天才音樂家莫札特只有六歲，被邀請來到美泉宮，就是在這一間明鏡廳進行演奏，因此我們會在此看到一幅巨型的女皇瑪麗亞與莫札特的畫作，見證這兩大人物同台的歷史性一刻。

女公主與天才音樂家的相遇

　　那個晚上還發生一段小插曲。在表演期間，年幼的莫札特因緊張而不小心滑倒，女皇最小的女兒瑪麗亞·安東尼（Marie Antoinette）及時扶了他一下，兩人便因此產生好感，莫札特還說未來要娶小公主為妻，當然這椿婚事並沒有成真。這位小公主長大後發生許多受到當代或後世議論的事情，不在此詳述，簡而言之，她嫁給法國路易十六，最後在法國大革命上了斷頭台。至於莫札特的豐富內容，便留待另一篇文章詳細分享。

1 ｜ 接著我們坐上小火車遊覽廣大的花園，此圖是花園的一角。
2 ｜ 這是稱為「Palm House」的溫室植物花園，需要另外收費。

這一天的天空湛藍無比，登上皇宮範圍內的至高點凱旋門，俯瞰一大片廣闊的維也納城市景色，格外動人。

從海神噴泉沿著之字形的小路登上丘陵，便到達整座皇宮的至高點凱旋門，坐在椅上小憩，放眼遠眺，整座美泉宮和維也納城盡在眼下，壯麗的全景畫面，讓人心曠神怡。

一年四季都在清晨打開大門歡迎大家的皇室花園

接下來，我們步出宮殿，踏進占地廣大的皇室花園遊覽。皇室花園早在 1779 年開始便開放給公眾參觀，始終不收費。

不用進入宮殿也可進入花園

這座皇室花園設有多個閘口，除了正門外，還有六個主要閘口（可參看官網），一年四季都在早上 6 點半開門。所以人們根本不用進入宮殿，也可以走進花園（因此有些旅行團想省錢，或是行程太趕，都會安排團友在花園隨便晃晃，照個相就離開）。對於本地人或是曾經參觀宮殿展區的旅客而言，他們可以進入花園，散步、跑步、溜狗、野餐、拍照、寫生，或是參觀需要額外付費的特別景點。據說當地人十分喜歡清晨走入皇室花園跑步，因此官方也特別規劃一些跑道。

這座皇室花園從東到西延伸 1.2 公里，從北到南約 1 公里，是一座典型的法國式園林，分成多個區塊。碩大的花壇兩邊種植著修剪整齊的綠樹牆，綠樹牆內擺放了數十座希臘、羅馬神話和古羅馬歷史的人物。園林的盡頭是一座「海神泉」（Neptunbrunnen），向東便是那座一開始提及、被皇帝馬蒂亞斯在狩獵時發現的美泉，整個美泉宮也因此得名。美泉正對面是一片仿造的羅馬廢墟（Römische Ruine）和一塊方尖碑。此廢墟建於 1778 年，象徵著羅馬共和國的衰落，背後還有一座海格力斯的雕像。

花園迷宮（Maze）是收費的景點之一，其原始迷宮設於 1698 年，後來荒廢失修。1998 年，新的迷宮誕生，是仿照過去的迷宮樣式，並新增許多老少咸宜的設施，如遊客可到花園裡的巨型萬花筒內，從各種角度看到自己；喜歡挑戰高難度數學題的遊客，也可以在算數謎題上大顯身手。

遊覽皇室花園的經典路線

花園真的很廣闊，初次到訪的旅客通常只會挑選宮殿後方山丘上的凱旋門（Gloriette）為目的地，小山丘大約 60 公尺高。那處就是整個皇宮範圍的至高點，這算是最基本（又或是最經典）的皇室花園遊覽路線，從宮殿走到凱旋門，不繞路再加上爬山，大概大半小時；後折返宮殿結束，總計至少需要兩小時。

皇宮至高點的凱旋門

7 月底來訪時遇上極好的大氣，中午走在猛烈的陽光底下，感覺不到十分鐘便被曬乾。無法在炎熱陽光下走那麼

多路的朋友或長者，觀光小火車是不錯的選擇，買一張票可以坐一整天，來回不同的景點，收費為每人 6 歐元左右。還有更高級的，就是乘坐馬車，高雅地繞皇宮一圈，每人70 至 80 歐元左右，全程 25 分鐘。

　　這裡的大片花園綠地讓人心曠神怡，小火車慢慢載著我們造訪不同的景點，最後朝凱旋門方向邁進，視野變得開闊。不久，火車在凱旋門旁停下，遊人紛紛下車，緊接上車的人也瞬間填滿全部空位。一片熱絡氣氛滿布凱旋門四周，有人在草地上野餐或享受日光浴，有人坐在凱旋門石欄上享受陣陣吹來的山風，心情無比暢快。

　　凱旋門建於 1775 年，用於榮耀哈布斯堡王朝的鼎盛國力，不過在二次世界大戰中被摧毀，直到 1947 年才完成修復。目前此處下方為餐廳，上方是收費觀景台。我們俯瞰整座美泉宮及皇室花園，以及一大片廣闊的維也納城市景色，感覺很棒。如果想看得更遠，登上觀景台應該是最好的選擇。

　　擁有極好景觀的餐廳，不曉得昔日是不是只允許貴族富人來這裡午餐或享用下午茶呢？總之，這家裝潢典雅的餐廳，沒有嚇人一跳的收費，正值午餐時，我們自然走進，滿臉笑意的侍者快速安排一個理想又舒適的位置。這一趟皇宮花園之行，我們就在這家餐廳享受午餐並觀賞全景，寫上美滿的句號。 ▬

1 ｜ 我們坐上觀光小火車直接來到凱旋門。
2 ｜ 旅客可以登上凱旋門頂部的露天觀景台欣賞景色。
3 ｜ 旅客通常把凱旋門列為美泉宮最後的景點，所以人潮不少。
4 ｜ 凱旋門裡面的餐廳。

美泉宮 ｜ www.schoenbrunn.at

維也納三大皇宮巡禮 III
走進象徵主義大師的世界
典藏克林姆的美術館美景宮

霍夫堡皇宮、美泉宮及美景宮（Schloss Belvedere）列為維也納三大宮殿，是構成維也納歷史、宮殿、美景的重要地標。三者的差別之一是，美景宮的原本主人不是哈布斯堡皇室，也不是任何一位皇帝，而是靠一己戰功揚名立萬的歐根親王。歐根親王已在霍夫堡皇宮一文介紹過——

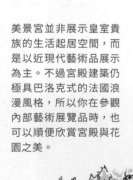

美景宮並非展示皇室貴族的生活起居空間，而是以近現代藝術品展示為主。不過宮殿建築仍極具巴洛克式的法國浪漫風格，所以你在參觀內部藝術展覽品時，也可以順便欣賞宮殿與花園之美。

就在霍夫堡新皇宮的英雄廣場上，兩座八面威風的巨大雕像相互對望，靠近新皇宮的那一座就是歐根親王。

象徵主義大師的作品是最大亮點

除了充滿特色的宮殿建築與美麗典雅的花園外，參觀此宮殿的最大亮點，會落在奧地利國寶級的象徵主義大師克林姆（Gustav Klimt）身上，目前全球珍藏最多其作品的地方就在美景宮。他的畫作特色在於特殊的象徵式裝飾花紋，其中最具知名度、最厲害的代表作《吻》（The Kiss），就是眾人最想觀賞的大作。因此對克林姆迷或對美學有所追求的人而言，參觀美景宮最大的價值莫過於此。

美景宮並不是真正的皇室宮殿

美景宮的德文名稱為「Belvedere」，有「美麗景致」的意思。正如剛才所說，美景宮並不是真正的皇室宮殿；它原先的主人是歐根親王，生於巴黎，靠著戰功彪炳，地位在奧地利竄升，並收復被土耳其人占領的大片失土。他因屢有功勞而擔任首相長達 33 年之久，登上一人之下、萬人之上的境界。他逝世於維也納，享壽 72 歲，遺骨安葬在聖史蒂芬大教堂中。

歐根親王終生輔佐哈布斯堡王朝的三位皇帝，被賜予一大片土地興建宮殿。宮殿依據緩坡地形而建，分為上美景宮（Upper Belvedere）及下美景宮（Lower Belvedere），前者的規模比後者更宏大與壯觀。昔日，前者是歐根親王的辦公室，以及用於大宴賓客、歌舞昇平之所，而下美景宮則是起居住處。

銜接上下美景宮的是一座法式花園

無論從上美景宮或下美景宮展開參觀，都必然會走過大型的中庭花園。花園設計者是巴洛克庭園設計師多明尼克・吉拉德（Dominique Girard），曾參與凡爾賽宮花園的設計工作；他利用美景宮的地勢，將法式花園中心的主噴泉規劃成階梯式的設計，除了主要的大噴泉外，還有對稱設計的數個小噴水池在花園中。花園分為三個段落、三個層次，並在開闊的空間中融合三者為一體，充分展現巴洛克貴族式的宏偉。

昔日歐根親王大概是乘坐馬車穿過這座花園來往上、下美景宮。相對美泉宮，此花園沒有那麼大，正因為占地沒那麼遼闊，因此適合遊人輕鬆散步，即使陽光強烈，也不會感到太辛苦。跟美泉宮一樣，參觀花園是免費的，花園閘口在夏天於早上 6 點半開放，冬天則於早上 7 點半。

1 ｜ 下美景宮的入口。
2 ｜ 花園滿布洛可可式的人頭獅身雕像。

3 ｜ 與美泉宮相比，美景宮的規模雖迷你一點，但小巧的花園逛起來比較輕鬆。

1 | 上美景宮面向中庭花園的正立面。銜接上美景宮和下美景宮的是一座
　　法式中庭花園，花園中心的主噴泉採階梯式設計。除了主要的大噴泉
　　外，還有對稱設計的數個小噴水池坐落於花園中。

2 | 此為面向大門的正立面，前方有一座大水池。

下美景宮

　　上、下美景宮都藏有克林姆的油畫作品，是全世界最豐富的，目前收藏 24 幅人物與風景油畫作品，所以想要全部看完，兩座館舍都要去。

　　先在此說明，據說以前美景宮內部無法拍照，但現在無論是名畫或歐根親王的華麗住所、宴會大廳，甚至眾人焦點的《吻》都可以拍照。當然，要注意不要使用閃光燈。

　　若按興建年分來決定參觀次序，首先應參觀建於 1712 年至 1716 年之間的下美景宮。遊覽此處可分為兩部分，首先觀賞宮殿裡精心布置的多間房間，其中大理石大廳（Marble Hall）、大理石畫廊（Marble Gallery）、金櫃（Gold Cabinet）是當中的焦點，紅褐色大理石與燙金將這個房間裝飾得美輪美奐。離開極盡奢華的房間後，第二部分就是展示中世紀藝術的巴洛克美術館。

金櫃上畫功細緻的壁畫。

1 ｜ 金碧輝煌的金櫃（不是指金色櫃子，而是整座房間都貼金處理）。
2 ｜ 典雅的大理石畫廊。

上美景宮

　　上美景宮的興建是緊接在下美景宮之後，建於 1717 年至 1723 年之間，現在成為以 19、20 世紀為主題的美術館，藏有莫內、席勒、柯克西卡等人的作品。寬敞的地面大廳稱為「Sala Terrena」，焦點是四根大柱，柱身被雕刻成四位無比強壯的亞特蘭提斯人（Atlantes），四人合作力撐起廣闊的拱形天花板（注意是拱形！），以及上一層的大理石大廳（Marble Hall）。我們不禁好奇，雕刻家當年是在現場雕刻這四根巨人雕像大柱？還是在另一個地方完成後才移動至此？我還想像著興建這座大廳、拱形天花板及二樓可能會發生的種種困難，姑且不提其中的困難度，光是巨人雕像散發出來的磅礴氣勢就很震撼了。

　　大廳有一道樓梯，掛上寫著「The Kiss」的指示牌，每一位旅客的目光無不被吸引著。工作人員驗票後，我們便隨著人潮拾級而上，觀賞那幅金光閃閃的大作。

上美景宮的地面大廳,四根巨人雕像大柱
十分引人注目,左圖為局部特寫。

情慾創作大師的代表作：驚世一吻

　　《吻》是克林姆全盛時期的代表作，繪於 1907 年至 1908 年間，這幅畫把克林姆的特色展現得淋漓盡致。畫中的男人身上都是方塊，代表男性的剛毅、有稜有角，而女性身上則是圓圈，代表女人的柔軟。他們倆這驚世的一吻，成就了藝術史上最動容的一刻，並繪出眾人心目中對於愛情的憧憬與美好。特別是在金碧輝煌、拜占庭風格的場景當中，以雙膝跪地、環抱的姿勢進行親吻，更增添了浪漫的感受。

　　此畫同時是象徵主義的代表，其中克林姆大量使用金箔作畫，唯有置身於現場仔細觀看真跡，才會發現它真的非常耀眼，整幅畫是正方形，長寬各 180 公分，還頗大的，看到會相當震撼。不得不承認金箔很加分，即使是在晦暗

1 ｜ 現場圍觀《吻》的觀眾，亦可見此畫的實際尺寸。
2 ｜ 《吻》的紀念品，很想全部帶回家。

驚世的一吻，繪出眾人心目中對於愛情的憧憬與美好。

克林姆一直過著如隱士般簡單的生活，於家中無論工作或放鬆時，通常穿著涼鞋與長外袍，並且不穿內衣。

畫指涉的是克林姆與「終生伴侶」艾蜜莉·芙洛格（Emilie Flöge）的故事，象徵兩人不曾「正式化」的關係，終於得以在《吻》中實現。

金色時期的克林姆

古斯塔夫·克林姆，1862 年生於維也納，知名象徵主義畫家。他創辦了維也納分離派（Vienna Secession），其畫作特色在於特殊的象徵式裝飾花紋，並在畫作中大量使用性愛主題。

克林姆的「金色時期」被認為是他的巔峰期。此時期的作品常使用金箔，最著名又奪目的金色包括《女神雅典娜》（*Pallas Athene*, 1898）與《友弟德一號》（*Judith 1*, 1901）、《艾蒂兒肖像一號》（*Adele Bloch-Bauer I*, 1907）與《吻》（1907-1908）。

至於下宮，我最喜歡兩幅以向日葵為主角的作品，分別是《向日葵》（*Sunflower*, 1907）及《向日葵花園》（*Farm Garden with Sunflowers*, 1908），雖然沒有金光閃閃，但畫面同樣閃耀著迷人的光芒。■

的展覽室中，它好像也在閃閃發光，只能用金碧輝煌來形容。

從畫面上，我們特別留意到女主角的局部細節，比如雙手的手指是緊繃往內縮的，且抓著男子的手，臉部看起來些許緊張，是有點抗拒嗎、還是欲拒還迎？後世理解這

美景宮 | www.belvedere.at

坐落維也納核心的無人服務式公寓
享受在地日常的最佳住宿方式

Wien

因個人的旅遊習慣，我們通常選擇入住酒店，其他如 B&B 之類的經驗比較少。這趟奧地利旅行也是一如以往，唯獨在維也納，我們挑選了一家「無人的服務式公寓」，主要是想用實惠價格住在寬闊的空間。要知道在國際大都市裡，同樣的價格要住在一般具水準的酒店裡，應該不太可能。這家服務式公寓沒有正式名稱，在 Agoda、Tripadvisor 等各大官網都可找到它的資訊，由於位於 Getreidemarkt 大街 10 號，訂房資訊直接寫上「Getreidemarkt 10 Apartments」即可，中文為「格特雷市場 10 號公寓」。

這座公寓最大的賣點是位置方便，也是促使我們入住的最大原因。首先這條 Getreidemarkt 大街在內城區的南邊緣，在 Karlsplatz 和 Museumsquartier 這兩座地鐵站之間，前者不到十分鐘的路程，後者更只要一分鐘而已。

Karlsplatz 站途經的景點

步出公寓大門，往左走是朝向 Karlsplatz 站的方向，此站就是內城區核心範圍的幾個主要地鐵站之一，維也納國家歌劇院及維也納旅遊局也在那處（詳見前文）；我們從公寓步行的中途，第一個景點其實是維也納分離派展覽館（Secession Building），裡面有克林姆的《貝多芬飾帶》（*Beethoven Frieze*, 1901）；不遠處還有維也納市中心最熱鬧繁華的市場 Naschmarkt，占地甚廣，想邊走邊吃、多了解維也納人的生活、體驗當地的風土人情，都可在那邊獲得。

Museumsquartier 站途經的景點

公寓的右邊走過一條大街，便是 Museumsquartier 站，這裡雲集多座博物館，所以大街的中文譯名為「博物館廣場大街」。這大街分隔左右兩旁，一邊有維也納藝術史博物館、圖書博物館及自然史博物館，穿過它們便是霍夫堡新皇宮正門。

Museumplatz 大街另一邊就是博物館區域，由多座博物館組成，其中一座也有克林姆的多幅作品。

1 │ 由清晨到深夜，我們都可以滿足地欣賞這座城市的全景。這座公寓雖然
　　在大街上，晚上卻沒有太多車流行經，行人也不算多。如果我要在維也
　　納市中心居住一段時間，不會選擇人多吵雜旳內城區核心範圍，這處比
　　較幽靜的地方才是理想的落腳點。

2 │ 我筆下的窗外景色。

3 │ 白天的大街景色，朝著此圖方向走，便是 Museumsquartier 站。

Museumsquartier 站

081

提供各式各樣食材的超級市場

在抵達 Museumsquartier 站之前，有一家規模不小的 Spar 超級市場，是奧地利常見的連鎖超市之一。除了景點外，這家只距離公寓一分鐘路程的超市，也是我們選擇入住此處的原因。在房間就能自己做出與餐廳水準差別不大的豐盛早餐，全部食材都來自這家超市。在 Google Map 查看，這一區好像只有這家超市，因此黃昏時分十分熱絡，擠滿顧客和旅客。

順帶一提，這家超市的營業時間由早上 7 點多到晚上 8 點半，星期六提早於下午 6 點半關門，星期日及國定假期休息，奧地利超市一般的營業時間大多是這樣。若遇上星期日，記得前一天去買東西。

公寓沒有前台和房卡

說回公寓本身，住宿空間及環境當然十分重要。整座建築物有六層高，服務式公寓位於最高的兩層，共有 18 間；其餘樓層應該是本地人居住的。建築物大門是唯一入口，在網上訂房後，旅客會收到入住注意事項的電子郵件，以及大門密碼。

到達維也納的那個晚上，計程車載我們來到正門的路邊，輸入大門密碼我們便進去了，一台讓住客辦理自助 Check in 手續的電腦就在左邊，一如開頭所說「無人的服務式公寓」的意思。沒有前台、也沒有房卡，輸入資料後，便會列印房間號碼及密碼紙，一切都很簡單和直接。

房間的設備很充足，重點是有廚房用具、微波爐、電熱水壺、空調及免費 Wifi 等，但沒有洗衣機；最小的兩人房間有 25 平方公尺，最大為六人的「豪華兩臥室套房、帶陽台」，60 平方公尺。我們入住的是「全景行政一室公寓」，37 平方公尺，位於頂層。

訂房時，我們在「陽台房間」與「全景房間」之間考慮。首先陽台不是我們的喜好，而且不是面向大街，而全景房間是面向大街，大窗戶可以看到美麗又廣闊的城市風景（雖然是背向內城區，不能看到大教堂之類的標誌性建築物）。

以夏天旺季來說，全景房間的價錢平均為 120 歐元。雖說這兩層公寓位於舊建築內，但內部都經過翻新，房間設施相當現代化，每天都有人進來打掃及更換毛巾。就這樣，一切順利，我們在「無人的服務式公寓」愉快舒適地住上好數天，直至離開前，都沒有遇上任何一位公寓工作人員。 ▬

1-2 ｜ 從公寓步行不到一分鐘便可抵達這家超市，十分方便，是我們重要的補給站，除了星期日外，幾乎天天都會走一趟。

3-4 ｜ 我們的房間全景，37 平方公尺，大窗戶有自動升降窗廉。

5-6 ｜ 豐盛早餐的食材都是購自附近的超市。吃飽就出發！

7 ｜ 服務式公寓位於第五及第六層，走廊經過翻新，屬於現代風。

8 ｜ 正門，按大門密碼才可進入，安全！

走進後台一睹歌劇院的神祕面紗
遊覽夏休期間的維也納國家歌劇院

維也納國家歌劇院（Vienna State Opera）被譽為「世界歌劇中心」，著名歌劇《費加洛的婚禮》（*Le Nozze di Figaro*）、《唐璜》（*Don Juan*）在此處上演過無數次，若說下一篇的金色大廳是聽覺盛宴，本文的歌劇院還包含視覺和心靈的震撼。不過在出發前，在歌劇院官網上我已得知一個晴天霹靂的消息——一年三百天中，歌劇院都會上演千場精采萬分的歌劇與芭蕾舞劇……但注意，不是 365 天，原來 7 月與 8 月是夏休，全部表演都暫停——啊！

最理想的規劃：歌劇與導覽團

幸好，劇院還有全年幾乎無休的導覽團。事實上光看歌劇真的不夠，最理想的規劃就是觀賞歌劇與參加導覽團都不缺席，因為前者是一種享受及體驗的美妙過程，後者才真正帶我們深入歌劇院的不同角落，一睹其神祕面貌。

想不到，導覽團真的很受歡迎，我們去的時候門口擠了大量旅客，大概不少人像我們一樣，在夏休期間無法觀賞歌劇，便想方設法參加這個活動。

一天多場的導覽團

導覽團一天多場（淡季每天三場，旺季六場左右），每場為四十分鐘左右。場次雖然頻繁，但參加人數這麼多，還是事前在官網報名比較好。每場有西班牙語、德語及英語團，一名導覽員帶著四十多名旅客。當天德語團最多人，需要動用兩名導覽員；數算一下，四團總數接近兩百人。時間一到，大家便浩浩蕩蕩步入歌劇院內部。

維也納國家歌劇院落成於 1869 年，是新文藝復興風格建築，綠色的屋頂與棕黃色的外部建築，在那個年代給人的視覺帶來很大的衝擊。

歌劇院是一座高大的方形羅馬式建築,仿照義大利文藝復興時期大劇院的樣式,全部採用義大利產的棕黃色大理石建成。

1 | 正面高大的門樓有五個拱形大門,拱門上矗立五尊歌劇女神的青銅雕像,從左到右分別代表歌劇中的英雄主義、戲劇、想像、藝術和愛情。

2 | 頂部左右兩邊放置著兩匹飛馬的青銅塑像,象徵和諧與詩歌。

3-4 | 歌劇院左右側門各有一座大型噴泉,代表了兩個不同的世界,左邊描繪著音樂、舞蹈、喜悅、多變的藝術世界;右邊探索誘惑、悲傷、愛情、復仇的情感世界。

來到維也納國家歌劇院，人們似乎還可以瞥見那個
曾統治歐洲幾百年的哈布斯堡王朝的落日餘暉。

莫札特的名作成為歌劇院的首場表演

　　維也納國家歌劇院落成於 1869 年，原名「維也納宮廷歌劇院」（Vienna Court Opera），是新文藝復興風格建築。1869 年 5 月 25 日，歌劇院以莫札特的《唐璜》作為正式開幕的第一場表演，當時的皇帝法蘭茲・約瑟夫一世和茜茜皇后自然成為開幕式的重要嘉賓。

重建後的歌劇院

　　歌劇院在 1920 年哈布斯堡王朝瓦解時轉為國有，1938 年至 1945 年是歌劇院歷史上的黑暗篇章。那時在納粹的統治下，歌劇院的許多成員、演奏家都被驅逐、追捕，甚至慘遭殺害。二戰期間，劇院亦遭到嚴重損毀，1955 年才重新開幕，演出了貝多芬《費德里奧》（*Fidelio*）；整個劇院的面積達九千平方公尺，可容納觀眾高達兩千人。

前方是我們的導覽員，正在講解演奏禮堂。

1 │ 劇院大廳聚滿參加導覽團的旅客。
2 │ 歌劇的中場休息，多數觀眾都會來交誼廳吃些小點心或來杯小酒。

維也納國家歌劇院可以說是世界上最重要的歌劇院之一，它不只是一個表演場地，本身也是一家歌劇公司——Wiener Philharmoniker。它是世界上頂尖的管弦樂團之一，其成員都是從這座歌劇院的樂團中選拔出來的，我們的導覽員也是這家公司旗下的演奏家，她是一位豎琴高手。

整座歌劇院的核心

演奏禮堂（Auditorium）是整座歌劇院最重要的部分，我們無法觀賞歌劇，但也能踏足此地，並坐上最前排（最昂貴票價）的座位，閉上雙眼，想像置身其中、近距離欣賞歌劇的畫面。這個馬蹄形的大禮堂是在二戰後重建的，雖說重建，但也保留原有設計的精華，比如觀眾包廂的形制，以及紅、金、象牙色的傳統色彩搭配，至今仍可見；修改方面，主要根據時代進步而改動，比如展覽廳、衣帽間等較為實用的空間做出更現代化的改建，還對照明、防火、音效等做出更人性的優化，而歌劇院原本的巨大水晶吊燈也改用更輕便安全的燈泡。

1,709 個座位與 567 個站位

演奏禮堂的觀眾席共有六層，總容納人數為 2,276 位觀眾，包括 1,709 個座位及 567 個站位。大致劃分為一樓座席區，二至四樓為包廂，五及六樓為看台，站票區分布在一、五、六樓。內部結構採用鋼筋混凝土，在各處鋪上木板，主要是為了確保歌劇院達到最佳的舞台音響效果。

門票當然以表演項目受歡迎的程度來劃分，最貴票價高達 500 歐元以上，最便宜的為 10 多歐元。至於站票區，最便宜 3 至 4 歐元便可買到。

世界上一流的指揮家、演奏家、作曲家、歌手、舞者，若能在此表演，必會視為畢生成就。

1 | 一樓座席區，最前排的座位票價不菲。
2-4 | 二至四樓為包廂區。
5-6 | 五及六樓為看台區。
7 | 此區在三個站票區中擁有最好的視野。
8 | 視野最好的包廂，當然票價也不容小覷。

《不可能的任務》與維也納國家歌劇院

被裝飾得金碧輝煌的演奏大廳迷倒的同時，我想起2015年全球熱映的《不可能的任務：失控國度》（Mission: Impossible: Rogue Nation），其中一段緊張刺激的劇情就是發生在此處。導覽員剛巧說起這部電影的幕後花絮，不只是我，所有人都洗耳恭聽。

在歌劇院實景拍攝

觀眾在電影中看到的宏偉華麗的歌劇院大廳、包廂及大理石主樓梯等，以及湯姆·克魯斯與蕾貝卡·弗格森在屋頂拉著繩索滑下至地面，這些鏡頭全都是實景拍攝！拍攝那段重要情節，不可能在一至兩天內完成，實際上，拍攝組是在2014年夏休期間，用了一週的時間在內部及頂部拍攝。至於電影裡後台的打鬥情節則不是實景，是在倫敦重建該場景來拍攝的。事後，我重看這一段情節，真的是完美「騙過」觀眾的眼睛，大概只有歌劇院的工作人員才能分辨吧！另外，劇組為獲得更好的拍攝效果，將歌劇院的燈光重新布置，因為歌劇與電影對燈光的要求不一樣。至於電影中的歌劇，就是歐洲最著名的歌劇之一《杜蘭朵》（Turandot），電影的音樂及歌聲等，是由維也納國家歌劇院樂團重新錄製，地點就在附近的維也納金色大廳進行。

1,508平方公尺的舞台

說回禮堂的表演台，正中是總面積為1,508平方公尺的舞台，包括三部分：前台、側台和後台。高度為53公尺，深度為50公尺。舞台能自動迴旋和升降。另外，樂池的部分總計123平方公尺，可以確保最多110位音樂家在裡面舒適地演奏。

舞台總面積為1,508平方公尺，包括前台、側台和後台，高度為53公尺，深度為50公尺。

1 ｜ 左右兩邊各有一個天花板較高的包廂，票價也最昂貴。在《不可能的任務：失控國度》中，奧地利總理就是坐在這間包廂觀賞戲劇。

2 ｜ 六樓的站票區。

平常無法看到的後台

　　導覽團活動最後，我們來到平常無法看到的後台。一部華美動人的音樂劇離不開所有工作人員的合作無間。後台一片繁忙，大家都在為了搭建舞台而全力準備。導覽員指出，這座後台比可以容納兩千人的觀眾席還要大，因為空間夠大，才可以因應表演項目而把布景轉出來，如此布置好的布景就不用搬來搬去。

　　比如 2018 年上映的《特洛伊人》（*Les Troyens*），重要情節之一是希臘士兵躲在巨型木馬中準備向特洛伊城展開進攻。這座巨型木馬連同大量布景，通通放置在後台，演

導覽團活動最後，我們來到舞台背後，即使看歌劇也看不到的地方。一齣歌劇包含多組巨型布景，因為空間夠大，可以快速轉出。

出時需要快速轉出，可見後台的空間真的很大。歌劇院還擁有 18 萬套戲服，數量驚人，全都放在另一幢大樓裡，大樓和歌劇院之間有地下隧道相連。

購買便宜站票的攻略

　　不太懂歌劇的旅客也想在世界級的歌劇院欣賞世界級的歌劇演出，購買站票是一個不錯的選擇。歌劇院的五百多張站票只在當天開演前的 80 分鐘開賣，一人限購一張，沒有劃位、只劃分三區。站票以前只有幾塊歐元，現在已漲到 10 歐元左右，不過因為官網並沒有這項資訊，所以來到現場才能知道實際的價錢。購票處與一般售票櫃台地點不同，要從 Operngasse 側門進入。買票攻略分為兩個步驟，第一是決定買哪一區的票，三個站票區一定要認識。

　　A 區（Parterrestehplatz）：位於一樓最後方（實則在二樓包廂區內），擁有三區中最好的視野。導覽員說這裡絕對是非常多人爭奪的站位，我們一看就大表贊同。如果打算買站票，我一定要買這區的票。所以必須提早去排隊，預估至少要在開演前兩個小時抵達才有機會。

　　B 區（Balkonstehplatz）：位於五樓看台，因為位於斜側，加上有屋簷遮擋視線，所以比六樓站票區的視野還差。

導覽員正在介紹三個站票區中最受歡迎的一區，就在一樓座席區的後方。

C 區（Galeriestehplatz）：位於六樓看台，雖然離舞台滿遠的，但視野還算不錯，是第二順位選擇。

買了票也不代表可以輕鬆下來。因為站票是沒有劃位的，買了就要去占位。側門一開，站票的人都紛紛去搶位子，多數人使用圍巾或絲巾綁在欄杆上，就等於占好位子了，也有不少人用地圖、報紙、繩子占位。占完位才可以真正輕鬆下來，四處拍照。開場前大約十五分鐘便要回去，否則工作人員有權拒絕讓你入場。

觀賞歌劇的衣著要求

最後，歌劇院對觀眾的衣著有規定，穿得太隨便或太曝露也不能進場。比如穿著破爛牛仔褲或熱褲的觀眾，都會被拒絕入場。∎

大理石主樓梯是歌劇院最經典的場景，共有七座大理石像，代表七種藝術：建築、雕刻、詩歌、舞蹈、美術、音樂和歌劇。

 維也納國家歌劇院 | www.wiener-staatsoper.at

走進音樂聖殿沉醉金色的交響樂曲夢
擁有金色大廳的維也納音樂協會大樓

Wien

旅行到維也納，如果不聽場歌劇、音樂會，許多人總覺得無法完整體驗這座「音樂之都」。但每年7、8月是維也納國家歌劇院的夏休期，無法欣賞到歌劇，幸好這座城市最著名的音樂表演場地：維也納音樂協會大樓（Wiener Musikverein）沒有夏休，全年均舉辦音樂表演。另外要強調的是，此處也是被譽為全球年度音樂盛會的「維也納新年音樂會」（Vienna New Year's Concert）的法定表演場地，全球逾九十國的電視台必會轉播，日本著名電影《交響情人夢》便在此進行實景拍攝。

聆聽一場演出已值回票價

大樓共有六個表演空間，其中面積最大的金色大廳（Großer Musikvereinssaal，或稱：Goldener Saal），擁有富麗的裝潢，極佳的音響效果更被形容為擁有「黃金般的音色」。人們常常說期盼在維也納某個世界級的音樂場地欣賞音樂會，毫無疑問，「某個」指的非這座金色大廳莫屬。

維也納音樂協會大樓，由成立於 1812 年的維也納音樂之友協會運作及管理。此會於 1831 年起開始在市內舉行音樂會，後來有感音樂會場地不足，直至 1863 年獲得法蘭茲·約瑟夫一世的支持而興建此大樓。大樓是義大利文藝復興式建築，外牆紅黃兩色相間，屋頂上豎立著許多音樂女神雕像，古雅別緻。

有如黃金音色的音響效果

大樓一開始只有一個大廳與一個小廳，提供交響樂和室內樂使用。1870 年 1 月 6 日，大樓正式使用，外界對大廳的出色音響效果讚嘆不已，之後在歐洲多國也好評如潮。此大廳就是我們今日所說的金色大廳，可容納 1,745 個座位。

至於小廳也獲得好評，1937 年命名為「布拉姆斯廳」（Brahms Saal），可容納 601 個座位。2004 年，大樓擴建四個小廳，分別是玻璃廳、金屬廳、石頭廳及木頭廳。大樓跟維也納國家歌劇院一樣，旅客可參加導覽團，一睹音樂廳的面貌，也可以聽到特別有趣的故事。詳情可查官網。

維也納音樂協會大樓，百年來舉行無數令人回味
不已的音樂會，是世界級的音樂藝術表演殿堂。

大樓的金色大廳幾乎全年無休，均有音樂會，平日是晚上有一場，星期日或特別日子甚至多達三場，大部分都在一年前便已排定，方便來自世界各地旅客的規劃，旅客在官網直接訂票即可。瀏覽節目表會發現，在金色大廳表演的樂團中，常常可見維也納愛樂樂團（Wienen Philharnonkier，簡稱「維也納愛樂」）及維也納莫札特樂團（Wienen Mozart Orchester），原來這兩個樂團的總部都在這裡，也就是大樓的常駐樂團。

維也納愛樂：一票難求的世界頂級音樂盛宴

維也納愛樂，就是古典樂迷心目中的超級樂團，年度盛事的維也納新年音樂會便是由此樂團負責表演的。此團成立於 1842 年，其成員來自維也納國家歌劇院，百年來早已成為世界上最頂尖的樂團。基本上真正的樂迷只要看到是維也納愛樂的演出就直接訂票了，任何一場都「一票難求」，絕不誇張！

維也納莫札特樂團：古裝音樂會再現華麗年代

維也納莫札特樂團創立於 1986 年，由當代維也納樂手組合而成，以莫札特的音樂和歌劇為主題。特色之一是演出時，所有團員都會穿上 18 世紀的古典服飾，不只帶給觀眾美好的聽覺享受，更是一場華麗的視覺饗宴。

維也納交響樂團：愛樂以外的超棒選擇

其實，還有一個樂團稱作「Wiener Symphoniker」，也是金色大廳的常客。此樂團雖不像維也納愛樂那樣舉世聞名，但也具有一百多年的歷史，團中臥虎藏龍的高手亦不少。就算遇不到愛樂，能欣賞到維也納交響樂團的表演，不少樂迷也視為超棒的選擇。

如此看來，這三個樂團的「江湖地位」有著明顯的差別。對古典樂認識不多的旅客，可不要搞錯這三個有點相似的樂團名稱。

大樓建於 1867 年至 1869 年，紅黃色相間的外牆是義大利文藝復興式建築，屋頂有希臘神殿主題之山形牆，中層矗立著音樂女神像，樸素且典雅。小圖為大樓的正立面。

維也納音樂之友協會

山形牆下面的「Gesellschaft der Musikfreunde」是德語，即「維也納音樂之友協會」，又簡稱為「維也納音樂協會」（Wiener Musikverein）。此會成立於1812年，總部駐於此樓，有系統地搜集、整理許多重要的音樂史料，擁有世上最領先的音樂檔案庫。

三大樂團的票價

　　每個樂團在金色大廳的票價各有不同，即使站票也有分別，可在官網找到每場的座位圖。「Stehplatz」是站票區的名稱，只有一區，就在一樓的最後方，共有三百張票，10 至 15 歐元。

　　維也納愛樂樂團的座位一般劃分為七區，最貴的一區為 100 歐元以上，最便宜為 30 多歐元，這便是金色大廳最高級的收費水平（不包括維也納新年音樂會）。維也納莫札特樂團座位只分為五區，60 至 120 歐元不等。至於維也納交響樂團，座位票價為 30 至 90 歐元，這個價格水平跟其他樂團比較接近。

　　不過你「能夠」或「有緣」觀賞到哪一個樂團的表演，說穿了，還是與你到訪維也納的日子有著不可分割的直接關係，除非你會事先選定要欣賞哪一場音樂會，再決定到訪的日子。

6 月底到 10 月初的唯一選擇

　　6 月底到 10 月初的場次，是全年最為特別的，一來是旅遊旺季，特別多旅客也是在這段期間來看音樂會；二來是這兩個月場次的「特別」，因為除了有幾場是特定對象或不太主流的音樂會外，例如青年音樂家的表演，其餘全部都是維也納莫札特樂團的音樂會。

　　從 6 月底到 10 月初，金色大廳的音樂會除了零星的其他表演外，幾乎每個晚上都是維也納莫札特樂團的場子！也許你會疑問，維也納莫札特樂團可以連續進行數十場表演嗎？其實不是，此團在 8 月下旬兩週是完全沒有表演的，大樓也關門休息，直到 9 月才繼續天天演出。而 10 月左右，一切恢復正常，其他樂團的名字便會再度出現在節目單上。

　　維也納莫札特樂團在旅遊旺季幾乎天天有表演，真的非常重要！想一想，旅遊旺季期間的大量旅客，千里迢迢來到這座音樂之都，若不能聽上一場音樂會或歌劇會有多麼失望？當然，不少人認為此樂團的商業味重，不是頂尖的表演，可是一想到其他樂團也正在夏休，便會特別感謝他們能繼續「服務」旅客們了。

維也納愛樂樂團的 8 月分表演地點

　　至於維也納愛樂這個世界級樂團在這段期間去哪兒了？一看官網便知道答案。此樂團在整個 7 月都沒有公開表演，推測樂團應該在休假。另一可能性是，此團還要準備每年 8 月固定在薩爾斯堡音樂節（Salzburg Festival）一連多天多場的表演，這是整個奧地利夏天最大型的音樂盛會。所以要看維也納愛樂樂團，6 月底到整個 7 月是完全沒有辦法，而 8 月呢？直接去莫札特的故鄉薩爾斯堡就對了！

網上與街頭買票

在熱門景點一帶常常見有路邊小攤子，在出售音樂會的門票。

除了網上訂票外，大家也可以在街頭買票。在熱門景點一帶特別多，常常看到一些頭戴假髮、身穿18世紀宮廷服裝的售票人員，向旅客促銷音樂會門票。聽說有些旅客比較幸運，能買到折扣票，我想愈接近表演開場的時間，折扣便愈多，不過被安排到的座位是否理想，就要看運氣了。補充一提，這些古裝人其實是出售換票證，觀眾之後仍需要到大樓售票處換取正式門票，方可入場。

金色大廳的音樂初體驗

金色大廳對於觀眾的服裝沒有特別要求，但不可穿短褲和拖鞋，背包等東西需要寄存。大廳設有紀念品攤位，10歐元一本的當晚音樂會演出曲目單，以及30歐元的維也納新年音樂會CD，都很受歡迎。表演於8點15分開始，我們在7點半抵達，在入口處出示電子票證即可進場。7點半已經比較遲了，站票區的有利位置早已給人占去。

金色大廳的設計是一個鞋盒的形狀，大小如學校禮堂差不多，我想這個設計就是令音質保持優質的原因之一。表演前後是允許拍照的，於是大家把握時間拍下這金碧輝煌的大廳。大廳一樓的中間座位是最貴的區域之一，兩旁則是包廂，視野好的包廂第一排也是較貴的。比較特別的是樂團兩旁各有幾排座位，是唯一能看到指揮正面的座位，如果你是衝著指揮去的，那就買這個位置，不過個人覺得這個位置有點怪怪的感覺。

這晚演出約兩個小時（含中場休息），主要是莫札特的知名交響曲，並在結束前加入維也納新年音樂會經典曲目《拉德斯基進行曲》與《藍色多瑙河》，大家跟著進行曲一起打拍子，成為全場最後的高潮，以此作結。

大廳的紀念品攤位，可在此買到音樂會演出曲目單。

1 │ 金色大廳的前排座位，樂團位置的兩旁還有幾排座位（白色長方格），可看到指揮家的正面。　　**2** │ 金色大廳的後排座位，最後方是站票區。

3 │ 樂團的表演區。　　**4** │ 站票區，正式開場時便站滿三至四排的聽眾。

全球都在搶票的維也納新年音樂會

說到鼎鼎大名的維也納新年音樂會，除了 1945 年因為二戰終戰停演之外，從 1939 年至今，每年都在 1 月 1 日於金色大廳盛大舉辦。每屆都會邀請當時的明星指揮家（人選由樂團成員投票決定）指揮維也納愛樂演出，曲目是以奧地利著名音樂世家史特勞斯家族成員（主要是小約翰‧史特勞斯、老約翰‧史特勞斯、約瑟夫‧史特勞斯）的作品為主；為了迎接新年，挑選的作品當然以喜慶為基調。

2019 年新年音樂會的指揮家為克里斯蒂安‧蒂勒曼（Christian Thielemann），《拉德斯基進行曲》作為結束曲早已成為極受歡迎的傳統；當歡快旋律響起時，聽眾情不自禁地應和著節拍鼓掌，成為音樂會最經典的畫面。

不過對大多數人，尤其是亞洲人來說，這場音樂會通常都只存在於轉播、光碟、或是 CD 中的節目，但如果你在一年前就開始計畫前往維也納，以及存足門票錢，那麼不妨實際到現場聽聽看吧！

購票資格要用抽的

還有一個非常重要的購票資訊，就是購票資格要用抽的！每年 2 月 1 日至 28 日開放到維也納愛樂官網登記。近年來每次至少有五十萬人蜂擁登記，金色大廳有一千七百多個座位再加三百多張站票，扣除嘉賓、重要人物及旅行團等等，能剩下多少座位留給公開發售呢？

新年音樂會共有三場演出

新年音樂會實際上分為三場，12 月 30 日的新年音樂會之預演場（Preview Performance of the New Year's Concert）、12 月 31 日的除夕音樂會（New Year's Eve）以及 1 月 1 日的新年音樂會（New Year's Concerts）。

三場的曲目完全一樣，從任何角度來看，1 月 1 日那一場才是最重要、最多人去搶票的！新年音樂會的門票價位也是最貴的，從中間、兩旁包廂，到管風琴後方與兩側，以及站票，介於 1,090 至 35 歐元間；除夕音樂會為 800 至 25 歐元間，以及預演場為 495 至 20 歐元間。總而言之，抽選結果在 3 月公布，得到幸運之神祝福的人，要記得在截止前上網付費確認。

離開維也納後，我們才發現沒有買 2019 年維也納新年音樂會 CD，結果最後在台灣買到，還買了 2019 年美景宮仲夏音樂會 CD。寫書和繪畫時便播放它們，感覺真棒！

維也納音樂協會大樓｜www.musikverein.at
維也納愛樂樂團｜www.wienerphilharmoniker.at
維也納莫札特樂團｜www.mozart.co.at
維也納交響樂團｜www.wienersymphoniker.at

讓時光回到舊世界角落的咖啡館
維也納的咖啡館百年文化

許多人都說來到維也納，一定要在傳統咖啡館喝咖啡。傳承數百年的維也納咖啡館（Wiener Kaffeehaus），其文化有何獨特，能夠被列作非物質世界遺產呢？

「我不在家，就在咖啡館；不在咖啡館，就在往咖啡館的路上。」（Wenn der Altenberg nicht im Kaffeehaus ist, ist er am Weg dorthin）這是奧地利詩人兼散文作家彼得·艾頓柏格先生（Peter Altenberg, 1859-1919）說的一句名言，彷彿為維也納咖啡館文化留下令人深深回味的註腳。

咖啡館是維也納人的第二個客廳

艾頓柏格先生甚至將他的收信地址改成最常造訪的中央咖啡館（Café Central）；迄今，此咖啡館早已聲名在外，其建築過去是銀行和證券市場大樓，入口處還有一尊蓄著兩撇濃密鬍子的艾頓柏格先生塑像，成為觀光客打卡的對象。據估計，現時維也納大大小小的咖啡館逾兩千家，從街角供人們站著喝的咖啡亭、大學附近學子聚集的咖啡店，到劇院旁、皇宮內富麗豪華的咖啡館、內城區的百年傳統

咖啡館，比比皆是。由此不難想像，隨處可見各式各樣的咖啡館，在當地人心底占據了某個位置，也難怪他們也稱咖啡館是「第二個客廳」。

營業時間很長的咖啡館

維也納人幾乎都有自己（或是幾個）的「第二個客廳」，習慣每天或每週幾天到訪一回，早上也好、深夜也好；一個人也好、相約幾個朋友也好；這情況有點像香港人早上習慣飲早茶、吃點心和看報紙。咖啡館早上7、8點便開門，直到凌晨才打烊，比如我們住宿附近的百年老店博物館咖啡館（Café Museum），每逢深夜走過時，必會見到幾組客人坐在外邊高談闊論，而室內也可見幾位老人家靜靜地坐在窗邊看報紙。

傳統咖啡館的侍者送上咖啡時，會同時附上水杯、糖包（糖罐）和銀湯匙。

正宗的維也納咖啡館

　　維也納咖啡館文化，於 2011 年被列作非物質世界遺產，與音樂、華爾茲一起被當地人稱作「維也納三寶」。所謂正宗的維也納咖啡館，並非隨便一家咖啡館都可以，必須有幾個特徵：擁有數十年甚至過百年歷史、室內裝潢瑰麗典雅、備有十多款咖啡供應（尤其是經典的牛奶咖啡 Melange）、分量十足的自家製甜品及巧克力蛋糕（Torte）等，還有報章任看。而要成為維也納咖啡館中的「經典」，還有一個重要條件：必須曾經是政商、藝術、明星等名人的特定聚會點，中央咖啡館與博物館咖啡館便是。

開業於 1899 年的博物館咖啡館（Café Museum）

這家咖啡館備受維也納分離派人士青睞，知名的象徵主義藝術家克林姆、表現主義畫家柯克西卡和作曲家李哈爾（Franz Lehar）都曾是常客。現在這家典型的維也納咖啡館裝潢很簡潔，紅色的沙發與座位的配置依然很有味道。幾年前開始，它還會不定期舉行讀書會，不少本地嶄露頭角的作家都曾來此舉辦讀書會，文藝氛圍非常濃厚。

只要點上一杯咖啡，愛坐多久就坐多久，而且開水可無限續杯。報紙在咖啡館是非常重要的配備，當地人習慣一邊喝咖啡，一邊看報紙。

我們曾造訪過的維也納咖啡館

早上：Café Hofburg　　　　下午：Café Sacher
晚上：Café Central　　　　深夜：Café Museum

維也納咖啡的起源

據說歐洲第一家咖啡館是在維也納出現的。維也納人開始喝咖啡的歷史可追溯到 17 世紀，當時在伊斯蘭國家的大小城市中，咖啡館林立，但在歐洲，人們卻不知其為何物。1683 年，土耳其第二次進攻維也納，奧地利與波蘭聯軍擊退對方。敵軍敗走時，在維也納城牆周圍的戰場丟棄了武器、彈藥，還有好幾百個裝著咖啡豆的袋子。維也納人雖從未見過咖啡豆，但一名曾潛伏在土軍內部刺探情報的波蘭人科爾席茲基（Kulczycki）曾品嚐過咖啡，他最終獲得這批咖啡豆，後來在維也納開了歐洲第一間咖啡館。

科爾席茲基的咖啡館剛開張時，由於咖啡味道苦澀，不為維也納市民接受，當時的人多數喜歡喝茶（時至今日，茶也是咖啡館菜單中重要的一部分）。於是他改變了配方，加入牛奶，效果出奇的好，人們稱之為「Melange」。自此之後，咖啡便慢慢征服了歐洲，咖啡館如雨後春筍，遍布歐洲各地。一直到今天，咖啡種類雖然五花八門，但 Melange 仍然是維也納最受歡迎的咖啡之一。

免費提供報紙

店內備有報紙、畫報、雜誌供客人閱覽，是維也納咖啡館的一大文化特色，這種特色還有歷史淵源。早年，咖啡館的生意愈來愈競爭，店家想出新花招吸引客人。1720 年，第一間免費提供報紙的咖啡館誕生。當時報紙十分昂貴，一份報紙的價錢比一杯咖啡貴兩倍。也因為咖啡館提供免費報紙，成功吸引了無數的作家、藝術家上門，每天等著吸收新知、閱讀天下事。當然，報紙的價值今日已不復存在，但這種做法卻保存下來，成為維也納傳統咖啡館的文化品味。

音樂咖啡館的出現

後來維也納咖啡館又有新花招，第一家音樂咖啡館在 1788 年出現。不過這種音樂咖啡館一直到 19 世紀中葉才流行起來。據聞，莫札特會到咖啡館留意人們對他音樂的看法，而貝多芬也曾在咖啡館演出。所以現時不少經典的維也納傳統咖啡館都有現場的音樂表演節目，比如中央咖啡館的鋼琴演奏也滿有名氣的，每天傍晚 5 點到晚上 10 點，就在館內中央演出。

宛如時光迴轉

那個晚上，我們坐在中央咖啡館某個角落裡，聆聽著鋼琴家輕快地演奏著一首又一首莫札特經典。時光迴轉，大約一百年前，莫札特也是此館的座上賓，一百年後人們彈奏他的曲子，音樂和中央咖啡館的美麗讓我們有了穿梭時空的錯覺。

擁有百年歷史與文化積累的中央咖啡館。

1 │ 中央咖啡館入口處有一尊蓄著兩撇濃密鬍子的艾頓柏格先生的塑像，
　　成為觀光客打卡的對象。
2 │ 中央咖啡館有現場鋼琴演奏。

送上無限續杯的水杯

　　接下來，想說一說自己非常欣賞的「維也納咖啡館的良好習慣」，就是客人只要點上一杯咖啡，愛坐多久就坐多久，其中送上的開水也可無限續杯！所以維也納傳統咖啡館有別於義大利街頭咖啡館的氣氛，後者大多是趕路的人進來匆忙喝上一杯 Espresso，與熟或不熟的人聊上幾句，並不期待在咖啡館裡久坐；而維也納的咖啡館文化正好相反，即使只喝一杯咖啡，客人也永遠不會被服務員打擾。換一個角度來說，它就是沒有「時間」的空間。

我們在中央咖啡館點的其中一道主菜，還有分量十足的精緻甜點，每一件都在呼喚著我們。

薩赫咖啡館（Café Sacher）
位於五星級飯店內的薩赫咖啡館，其最著名的招牌即是巧克力蛋糕與杏桃醬相互搭配出的薩赫蛋糕，配上鮮奶油，咖啡色與白色所勾勒出的甜點擺盤，既樸質素雅，又隱約散發著高貴的氣息，一直都是維也納必吃的特色甜點。

水可以清潔口感。正當世界各地的咖啡館都在為水收費，維也納卻堅持保留免費供水的傳統，真是令人大為欣賞。昔日，因為市中心的公寓狹小，咖啡館也變成許多民眾客廳的延伸，成為接待、探訪朋友的據點，這杯可無限續杯的水真是不能缺少。

湯匙必須放在水杯上

這杯水亦有小故事。話說送上咖啡的方式，傳統習慣是用一個方型的銀盤（現在多半是鐵盤）送上，同時附上一杯水、糖包（糖罐）以及銀湯匙；這把湯匙必須放在水杯上，並且凹面朝下擺放。擺放湯匙這一個細微的動作，意味著你眼前這杯水是剛剛填滿的——兩個字：新鮮！

維也納傳統咖啡館就是充滿藝術、人文、歷史等特殊條件與氛圍的地方，真的讓人很想一直待下去。在維也納這幾天，我們到訪了好幾家，懷著悠閒愜意的心情坐著，喝喝咖啡、嚐嚐糕點，讀著維也納的故事。一般人只在下午時段才去咖啡館，建議大家不妨在早午晚各去一趟，以咖啡為主角，早上來一頓元氣十足的早餐，下午配上一塊聞名全球的薩赫（Sacher）巧克力蛋糕，晚上再來一份豐盛晚餐，同時聆聽現場音樂演奏，這樣便可充分感受到不同時段的咖啡館氛圍，為維也納傳統咖啡館之旅寫上完美的句號。

中央咖啡館｜www.cafecentral.wien
博物館咖啡館｜www.cafemuseum.at
薩赫咖啡館｜www.sacher.com

CHAPTER

因斯布鲁克
Innsbruck

2

搭長途火車去西部群峰間的古都

五百年前的奧地利首都因斯布魯克

位於奧地利西邊的因斯布魯克（Innsbruck），是旅程的第二站；許多旅行團與自助行旅客也會把此地納入必去的名單之中。此城北臨德國、南接義大利、西通瑞士，所以在風俗、語言等等，也和這幾個鄰國極為接近；從地理來看，此城是緊扼中歐十字路口的城市，掌管東西南北歐的命脈，是重要的跨國交通要道，比如穿越阿爾卑斯山、通往義大利的布侖納隘道（Brenner Pass）便從這裡開始。

不折不扣的山城

海拔 570 公尺的因斯布魯克，是提洛邦的首府，目前是奧國第五大城市，它坐落於此國西部群山之間的因河河谷（Inn valley），呈東西走向，四周群山環繞，是個不折不扣的山城；「Innsbruck」這名字就是來自「Inn」（因河）和德語中的「Brücke」（橋）。此地也是奧國知名的滑雪勝地，分別舉辦過 1964 年與 1976 年兩次冬季奧運。補充一說，因河源自瑞士阿爾卑斯高山的融冰，並流經奧地利和德國，全長 517 公里，最後注入多瑙河。

前往因斯布魯克的火車路線

奧國國內的主幹鐵路路線之一，便是由東至西，包含維也納、薩爾斯堡、因斯布魯克等五大站。所以前往因斯布魯克的火車路線很簡單，就是從維也納→薩爾斯堡→因斯布魯克，換車一次，約四小時。薩爾斯堡其實是我們的第四站，我想先去薩爾斯堡或是因斯布魯克，差別並不大。

四小時的長程火車，從廣闊平原進入崇山峻嶺，我們順利在中午抵達。步出火車站，美麗的阿爾卑斯山景馬上映入眼簾，我們接著邁向古城區，開始旅程的第二站。

1 | 我們坐上 RJ 列車從維也納出發。
2 | RJ 列車的車廂。

登上北鏈山
因斯布魯克古城區的不遠處，便有往北鏈山的纜車，旅客可以輕易登上此山峰。

因斯布魯克旅遊局 ｜ www.innsbruck.info

111

哈布斯堡皇室駐足的古城大街

走訪古城區的瑪麗亞泰瑞莎大街

Innsbruck

我們乘搭長途火車抵達因斯布魯克，步出車站外便立即感受一股清涼，大概是身處山區的關係，即使是陽光普照的夏日，氣溫也不高，空氣非常舒爽。

車站前是巴士轉運站，市區及郊區的公車、地面電車都在此會集。火車站旁邊有一座 Hotel Ibis Innsbruck，據知在火車站內有通道可直接進入旅館，我想如果不打算住在古城區，這座以簡潔風為主的連鎖式旅館也十分方便。抵達古城區前，途中路過不少民宿或旅館，而我們選擇住在古城區最熱鬧區域的旅館，費用雖然貴一點點，卻很值得，因為可以在房間陽台上近距離觀賞優美的山景。

因斯布魯克的三天完整行程

比較完整遊覽因斯布魯克的方法，二至三天是最理想的規劃，所以買 48 小時因斯布魯克卡（Innsbruck Card）是不可少的。至於我們，第一天以古城區及周邊為主，第二天是登上北鏈山及阿爾卑斯動物園，後續將以數篇文章與讀者們分享。

買張因斯布魯克卡最划算

奧地利的重要觀光城市都有販售城市卡，包含景點門票和交通車費，我們最推薦因斯布魯克和薩爾斯堡的城市卡。因斯布魯克卡有三種，分別是 24、48、72 小時，價錢為 53、63、73 歐元。此卡是以小時計算，所以 24 小時的卡即是從當日早上 8 點用到隔天早上 8 點，以此類推。本章提及的絕大部分古城及周邊景點的門票、交通都可使用城市卡，林林總總加起來可以省很多錢，單是坐一趟北鏈山的纜車，來回費用已是 40 歐元以上，再加上其他景點動輒十元八塊的，所以買城市卡絕對可輕易回本。

1 ｜ 火車站旁邊的 Hotel Ibis Innsbruck。
2 ｜ 從火車站開出的地面電車。走路往古城區很方便，不到十分鐘。

因斯布魯克就位於北鏈山腳下，不論從城市的哪一個角落，只要向北邊抬頭仰望，隨時可以欣賞峰峰相連的雪山景致。圖中是熱鬧的瑪麗亞泰瑞莎大街，顧名思義，是為了紀念瑪麗亞·泰瑞莎女皇而命名，她被譽為奧地利歷史上最偉大也最有權力的女人。

城市巡禮的起點

因斯布魯克城市巡禮的真正起點，其實是在瑪麗亞泰瑞莎大街（Maria-Theresien-Straße），從火車站正前方開始步行，不到十分鐘便可抵達；途經一個十字路口，中央矗立著一座凱旋門，可說是大街起點的地標。

悲喜交集的凱旋門

凱旋門（Triumphpforte）興建於1765年，是以前市區最南端的地方。它的外觀和歐洲其他地方見到的凱旋門差不多，但它的故事卻多了一份複雜的情感。原來當初是為了慶祝女皇與法蘭茲一世（Franz I）的次子利奧波德二世（Leopold II）與西班牙公主瑪麗亞·盧多維卡（Maria Ludovica）的婚禮而建，沒想到同年法蘭茲一世意外身亡，所以此座凱旋門一面是「生命與喜悅」的浮雕，是慶祝年輕夫婦婚姻的畫面；另一面卻代表著「死亡與悲傷」，悼念皇帝死亡的圖案。

以女皇名字命名的熱鬧大街

走進瑪麗亞泰瑞莎大街，顧名思義是為

了紀念這位女皇而命名的。大街位於此城核心，是一條非常寬闊的步行購物街，兩側搭起咖啡館的遮陽傘，周圍盡是新舊夾雜的優美建築，遊人來來往往，非常熱鬧。

矗立在大街中央的聖安娜紀念柱（Annasäule）最受到矚目，其源起要回到1703年西班牙繼承戰爭（War of the Spanish Succession）。當地人擊退入侵來自德國巴伐利亞的軍隊，並於1706年建造此柱以茲紀念。由於打敗敵軍的當天是聖安娜之日，因此冠上聖安娜之名。聖安娜紀念柱為一座紅色大理石圓柱，紀念柱頂端的聖安娜像面向德國的方向，舉手做出制止敵人入侵的動作。

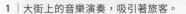

1 ｜ 大街上的音樂演奏，吸引著旅客。　2 ｜ 凱旋門。
3 ｜ 聖安娜紀念柱。

1 | Hafelekar：北鏈山纜車終站（2,255 公尺）。
2 | Seegrube：北鏈山第二高的纜車站（1,905 公尺）。
3 | 城市塔樓：可以步行登上去觀看全景。
4 | 黃金屋頂：古城區最著名的景點。
5 | STAGE 12 旅館：我們住在這裡。

一進到古城區，老遠就可看到因斯布魯克的象徵：黃金屋頂。黃金屋頂最金碧輝煌的時候，大約在上午 10 點左右，也就是光線最充足之時。

走過紀念柱，也就是向北走，緊接在瑪麗亞泰瑞莎大街盡頭的是一條充分保留中世紀風情的古城小街，一年四季遊人如織。走入小街不久，可留意右手邊、高高的城市塔樓（Stadtturm），這裡也是旅客中心的所在地。本文最後會回到此處，因為此處觀景台可觀看全城景色。漫步在古城區，當然得先參觀黃金屋頂，小路盡頭整天都聚集大量遊客，只因黃金屋頂是因斯布魯克最著名的景點。

2,657 枚鍍金銅瓦的黃金屋頂

黃金屋頂（Goldenes Dachl）建於 1500 年，為供統治者馬克西米連一世（Maximilian I）觀賞各類大大小小的節慶活動，因而特別興建這座豪華的觀賞大樓。皇帝和其他皇室成員可以威風八面地安坐在這個包廂內，居高臨下地觀看廣場上的種種競技活動，這讓人聯想起維也納國家歌劇院或金色大廳的豪華包廂。

屋頂是焦點所在，以 2,657 枚鍍金銅瓦鋪設。當初是為了慶祝皇帝的第二次婚姻而設計的，可是他又不敢得罪第一任皇后，所以包廂牆壁上出現兩任皇后畫像並存的奇妙局面。

黃金屋頂屬於後期哥德樣式的傑作，整個包廂室內的面積有 350 平方公尺，欄杆上有以皇帝與兩任皇后、宰相、小丑、舞者等宮廷場景為主題的浮雕，壁面則有溼壁畫。旅遊局人員向我們推薦：黃金屋頂最金碧輝煌的時候，是在上午 10 點左右，那時光線最充足。這個建議非常好，大家不要錯過喔！

博物館與國際阿爾卑斯公約辦公室

目前黃金屋頂內部是馬克西米連博物館，分為六個區域，詳細地介紹該建築物的歷史及展示皇室文物。另外，國際阿爾卑斯公約（Alpine Convention）辦公室亦進駐在此，這是一個由奧地利、德國、瑞士等八個阿爾卑斯山周邊國家組成的聯盟，致力於阿爾卑斯山的永續發展。

馬克西米連一世決定把皇宮遷往此地

關於下令建造黃金屋頂的馬克西米連一世，值得深入說一說。奧地利的哈布斯堡王朝擁有六百多年歷史，而真正成功統一奧地利，並一手打造哈布斯堡王朝的，就是馬克西米連一世。

他原是提洛大公，在 1493 年成為神聖羅馬帝國皇帝後，由於他熱愛因斯布魯克的優美自然地理位置，便將皇宮由哈布斯堡遷往此地，成為神聖羅馬帝國的首都，並以此為根據地急速發展建設，而奠定了今日所見古城的基礎，也開啟了奧地利哈布斯堡王朝輝煌騰達之路。直到 1665 年，這裡一直都是皇帝的居住地。

2,657 枚鍍金銅瓦鋪設的屋頂。

這兩幅都是皇帝與兩任皇后並存的畫面。

1 黃金屋頂入口處。

2 黃金屋頂正門的古老水泉。

因斯布魯克古城擁有鱗次櫛比的中世紀哥德風格建築，
也有教人心曠神怡的自然風光。

118

漫步在中世紀風情的古城區

古城區的街道兩旁有著不少華麗的建築，有的是妝點精美的凸窗，有的是色彩繽紛的溼壁畫，很值得放慢腳步細細品味。不少紀念品商店藏身在小巷弄中，店面多半小小的，很有尋寶的感覺。還有自家精心設計的鑄鐵招牌，別出心裁，各有各的特色。

其中，不可錯過的是黑柏林屋（Helblinghaus），就在黃金屋頂對面，據說茜茜皇后曾住過這幢漂亮的房子，那時候她正要嫁到維也納，經過此地就住在這裡。這棟五層高的房子原是 15 世紀哥德式樣的民宅，1730 年由威索布倫納派的工藝家在房屋立面做了改頭換面的更新，將其外牆鋪上石膏花飾，包括花卉、貝殼、果實等，因而以其華麗的巴洛克立面著稱。這幢房子得名於它在 1800 年至 1827 年的主人塞巴斯蒂安·黑柏林（Sebastian Helbling）。

另外，金鷹旅館（Goldener Adler）創業於 1390 年，是歐洲最古老的旅店之一，店外的來客揭示板上並列著歷史上著名的大人物，遠從 1494 年的馬克西米連一世、18 世紀末的拿破崙，直到 1999 年伊斯蘭的蘇丹，都在名單上。

滿布繽紛木屋的因河河岸

走過金鷹旅館，便會步出古城區，不知不覺來到因河河岸。「Innsbruck」在德語指的就是「位於因河上的橋」，這座城市之名因河而來，也因河而興盛。這裡便有一座因河橋橫跨河岸兩端，將古城區及對岸的住宅區相連。因河水源來自瑞士阿爾卑斯山，水質自然清澄；正值中午，在陽光的照耀下，清澈得有如一面鏡子，而河畔這一列面向因河的彩色木屋早已成為許多雜誌或攝影者都喜愛拍攝的主題。我很高興在陽光最好的時候來到，有幸欣賞到對岸的繽紛木屋、配上背景群山環繞的經典畫面，美不勝收。

1 ｜在古城大街小巷漫步時，隨時抬頭一看，都能見到四周滿布著各具特色的鑄鐵招牌。　2 ｜圖中右邊建築物為黑柏林屋。　3 ｜金鷹旅館。
4 ｜步出古城區，在河畔有一個不能錯過的經典畫面──站在因河河岸可欣賞到這排繽紛木屋，與背景的山峰一起組成優美怡人的景致。

城市塔樓

　　塔高 51 公尺的城市塔樓在中世紀建築群中巍然聳立，建於 1440 年，比黃金屋頂大五十歲。此塔樓與現代建築相比，當然不算宏偉高大，但是在 1450 年，51 公尺這個高度卻非常令人印象深刻，塔樓是當時因斯布魯克人民引以為傲的象徵。

　　起初，此樓只是一座瞭望塔，用以警告市民火災和其他危險，較低的樓層還設置了牢房。後來在 1560 年重建時，把原本哥德式的尖頂換成巴洛克式的圓頂，同時也撤掉了牢房。現在，旅客可步行 133 級階梯、登上離地 31 公尺高的圓形觀景台，俯瞰因斯布魯克的中世紀街道，以及四周群山及因河相傍的壯麗景色。▬

走進因斯布魯克最輝煌的歷史

深入古都的霍夫堡皇宮與宮廷教堂

緊接上一篇，我們前往古城區的皇宮及宮廷教堂，走進因斯布魯克最輝煌的歷史。

第一階段的皇宮

12 至 14 世紀，因斯布魯克由於控制了跨越阿爾卑斯山通往義大利的交通要道，逐漸成為一座富裕的城市，霍夫堡皇宮（Kaiserliche Hofburg）也相繼出現。它大致分為三個重要的時期。第一階段由 1460 年開始，當時此地區的統治者提洛伯爵建造了一座中世紀宮殿，也就是此皇宮的前身。

第二階段的皇宮

第二階段在 1490 年以後開始，馬克西米連一世接管此地區，不但建造了著名的黃金屋頂，也將這座中世紀宮殿擴建為哥德風的華麗建築，更將皇宮由哈布斯堡遷往此地，從此成為神聖羅馬帝國的首都，如此才真正成為霍夫堡皇宮。直到 1665 年，這裡都是皇帝的居住地。

第三階段的皇宮

可是隨著神聖羅馬帝國的權力重心轉移至其他地方，宮殿逐漸荒廢；第三階段能夠展開，是因為女皇瑪麗亞‧泰瑞莎，她下令修復與改建宮殿，於 1773 年變身為今日我們所見到的洛可可風格皇宮。

1 ｜ 皇宮門票。　　2 ｜ 與此座皇宮有著極大關係的皇室成員畫像。
3 ｜ 皇宮中庭，黃白交織的外觀既醒目又不失典雅。
4 ｜ 皇宮內的咖啡室是薩赫咖啡館，維也納著名咖啡館的分店。

皇宮中庭，連綿不絕的阿爾卑斯山景就近在眼前。

1773 年，女皇瑪麗亞‧泰瑞莎將內部改裝為洛可可樣式的華麗宮殿。本頁圖均為皇宮的觀賞最大焦點：豪華大廳，大廳的頂棚畫以及四周懸掛的皇室家族肖像畫都值得仔細品味。

那個年代最精華的歷史遺跡

皇宮的窗楣設計十分優美，每層樓的造型都不同，由拱形、尖形到水平，呈現了調和之美。不過千萬不要跟維也納的霍夫堡皇宮比較，此皇宮較早落成，規模自然及不上，因此內部開放參觀的空間不算多，預留大約一個半小時便已足夠。即使如此，這裡的全部內容依然是那個年代最精華的歷史遺跡。

我們走進皇宮，沿著樓梯走到二樓的皇室居所（Imperial Apartments），這處共有十多個參觀空間，重點之最是 Maria Theresia State Rooms，正如之前所說，此皇宮是因為瑪麗亞‧泰瑞莎女皇才得以重生，因此內部都是以此女皇為重點的參觀內容。這裡共有五區參觀空間，依序是 Court Chapel and Vestry、Guard Room、Gaint's Hall、Audience Chamber 和 Council Chamber。

最引人注目、面積最大的是豪華大廳（Gaint's Hall），此廳採用拋光大理石砌成，並以白金裝飾，而鍍金的枝形吊燈、華麗的壁畫、閃爍的大理石地、頂棚畫以及四周懸掛的皇室家族肖像畫，都值得仔細品味。其中以四面牆上鑲著瑪麗亞‧泰瑞莎 16 名子女的大幅肖像最為著名。

1 | 皇宮的豪華大廳裡，牆上鑲著瑪麗亞·泰瑞莎 16 名子女的大幅肖像畫。

2 | 宮廷教堂的欣賞重點，其實是馬克西米連一世的衣冠塚，以及 28 座王公貴族的銅像。

禮拜堂背後的哀痛故事

至於第一個參觀空間的禮拜堂（Court Chapel），本身是宴會廳。還記得從火車站走到古城區時會遇見的凱旋門嗎？1765 年，女皇為了次子利奧波德二世的婚禮而興建，沒想到同年丈夫卻不幸意外身亡；她在深深的哀痛下，翌年將皇宮的宴會廳改建成禮拜堂，並從此未再踏入這座皇宮，也未再脫下寡婦裝。今日此禮拜堂還在使用中。至於其他觀賞空間，旅客可看到這群奧地利統治者的日常生活，有真絲掛毯、價值連城的家具、正在準備盛宴的宴會餐桌及閃閃生輝的水晶吊燈。順帶一提，皇宮內的咖啡廳是薩赫咖啡館，也就是維也納著名咖啡館的分店之一。

留守騎士最後的安息地

離開皇宮，順勢要拜訪宮廷教堂（Hofkirche），其正門不對外開放，我們要從隔壁的博物館進去買票，繞過一個四合庭院再走側門進入教堂。欣賞重點不在於教堂本身，而是馬克西米連一世的衣冠塚。

馬克西米連一世的紀念棺墓採用黑色大理石，四面嵌有 24 塊白石板浮雕，刻畫皇帝的政蹟，石棺上則是皇帝的銅像。他的宿願是死後要安葬在因斯布魯克，但最終並未如願，實際上遺體是埋在維也納。因此其孫子斐迪南一世，便於 1553 年下令建造這座被稱為「留守騎士最後安息地」的教堂，後來成為祖父馬克西米連一世的衣冠塚。目前教堂內還有 28 座歷代王公貴族的銅像，每座都高逾兩公尺，雄偉地矗立在兩側；事實上原本計畫是 40 座，可惜無法完成，不然會更壯觀。此批雕像由藝術大師阿爾布雷希特·杜勒（Albrecht Dürer）和鑄金匠老彼得·維舍爾（Peter Vischer, the Elder）創作，象徵馬克西米連一世的祖先和後代；這些雕像是日耳曼文藝復興時期最重要的藝術作品。■

1 | 宮廷教堂有著精緻的巴洛克樣式頂棚。
2 | 馬克西米連一世的衣冠塚，擁有非凡的德國文藝復興雕塑，石棺周圍有 24 塊記錄皇帝生平的大理石浮雕。
3 | 28 座歷代王公貴族的銅像，每座都高逾兩公尺，雄偉地矗立在兩側，完成於 1502 年至 1555 年。

因斯布魯克霍夫堡皇宮 | www.hofburg-innsbruck.at
宮廷教堂 | www.tiroler-landesmuseen.at

住在隨時可以悠閒觀賞山景的房間
因斯布魯克住宿的小確幸

整個奧地利旅程的住宿安排，有些是住在當地古城區的核心範圍，有些則是古城區外圍，如何取決？古城面積就是一個重要的考慮因素。面積較大的古城區，景點多，又分散在各個角落，住在外圍反而比較方便，因為可以坐公共交通工具直接前往各地景點。以我的標準來說，維也納和薩爾斯堡便是「大古城」，因此我們選擇住在古城核心範圍以外的地方。

住在因斯布魯克古城區的兩個原因

相對而言，因斯布魯克古城區不算大，景點之間都只是數分鐘的路程，非常方便。再加上此地已是山區，在古城區內或瑪麗亞泰瑞莎大街的酒店，都以擁有優美山景的房間作賣點，因此我們便有「如果不住在隨時可一覽山景的房間，便有錯過什麼的失落感」的想法。

入住 STAGE 12 山景房間

STAGE 12 旅館是我們精挑細選才入住的。它坐落於熱鬧繁榮的瑪麗亞泰瑞莎大街，餐廳、商店、超市及 Rathaus Galerien 購物商場都在幾步之間，距離黃金屋頂亦只有三百公尺。它分為兩棟互通的新舊建築，兩座都是現代摩登的設施；舊建築是面向大街的，所以旅客可選擇入住擁有人來人往大街景色的 Double Room（Grand View）；如果想入住山景房間，便要選擇 Double Room（Mountain View）。此酒店的自助早餐品質也相當高。簡而言之，無論是酒店位置、房間景色、自助早餐及服務素質等等，通通都好得無話可說。

1 ｜ 自助洗衣店的外觀。周邊有不少平價餐館，多數是本地人去享用。
2 ｜ 自助洗衣店內部，洗衣機及烘衣機的操作都很簡單。

自助洗衣店的必要

　　另外，還要說一說衣物換洗的問題，凡是長途旅行必會遇到。我們在此鎮找到一間很值得推薦的自助洗衣店「Bubblepoint Waschsalons」，在瑪麗亞泰瑞莎大街與火車站之間，比較接近後者。我們從酒店帶著衣物走過去，只需數分鐘的路程。洗衣店算是中型，洗衣機及烘衣機各有十多台，操作簡易。洗衣加烘乾，大約 10 歐元，免費提供洗衣粉，品質相當好。

　　除了一些背包旅客，亦見不少本地人來使用。值得一提，洗衣店坐落的大街，有多間以當地人為客群的小餐館，其中一間更提供中式餐點，收費相對於古城核心區自然親民一點，有興趣者不妨試一試。

STAGE 12 旅館坐落於瑪麗亞泰瑞莎大街上，圖中是其舊館，旅客可入住面向繁華大街的房間。舊館是沒有正門的，旅客可從右下角的走廊進入新館。

1 ｜ 旅館的新館及舊館連結在一起，新館入口處是登記大廳，圖中就是旅館大門。　　**2** ｜ 寬闊的早餐區，食物品質一流。　　**3** ｜ 我們的房間，窗外是陽台。

靜靜欣賞幽靜的山巒景致

　　緊湊的行程及豐盛的晚餐過後，我們帶著回味的心情返回房間，安坐在陽台的椅子上一邊優閒地細品紅酒，一邊靜靜地欣賞幽靜的山巒景致。夏夜的因斯布魯克有點涼意，涼風從阿爾卑斯山邊吹過來，放眼遠望，只見北鏈山纜車站坐落於山中某個高處，那是我們將要前往的地方。■

1 ｜ 我們的陽台。　　2 ｜ 擁有如此好的景觀，不得不動筆記下眼前的一切。
3 ｜ 清晨在陽台上，只見薄薄的雲霧籠罩著山峰，美得教人感動。

俯瞰整片因斯布魯克的美景
坐纜車登上北鏈山與阿爾卑斯山動物園

Innsbruck

開始便說過，最好安排二至三天，才能夠完整遊覽因斯布魯克，不過若只有一天時間，一定要登上北鏈山（Nordkette Mountain），因為身處山區，豈有不登山的道理。那種一眼望去都是阿爾卑斯山的壯麗景色，以及可以俯瞰整座因斯布魯克的全景，絕對是很棒的安排。

北鏈山由二十多座山峰組成，海拔大部分都在兩千公尺以上，而最高的山頂為 Kleiner Solstein（2,637 公尺）；旅客在鎮上、或像我們在旅館陽台上，都可以飽覽這排壯闊群山，也能看到其中第二高的 Seegrube 纜車站（1,905 公尺）。

登山纜車站就在皇宮附近

不要以為登山纜車總站是在山區的某個偏僻處，需要花時間搭公車才能抵達，事實上它有遠在天邊近在眼前的方便——原來北鏈山登山車站就在皇宮的不遠處。所以參觀完皇宮後，便可直接上山，反之亦然。

全程只需二十分鐘，共六個站，總共有三段登山交通工具。第一段交通為軌道列車，車站包括 Congress、

Löwenhaus、Alpine Zoo 及 Hungerburg。五節車廂的列車，在平地時就如平常見到的列車一樣，可是一旦在斜坡上爬升時，就會變換成階梯狀列車，在車廂內的旅客完全不會發現列車已經瞬間變身，實在是很酷的設計。

普立茲克獎建築師設計的車站

北鏈山的登山交通自 1928 年開通，經過數次更新及擴建，而這四座車站建築的設計，是由屢獲殊榮的建築師札哈·哈蒂（Zaha Hadid）操刀。她是第一位榮獲普立茲克建築獎的女性，舉辦過兩屆冬奧的柏基賽體育場滑雪跳台也是她的作品。

設計概念來自冰川景觀

這四座車站的設計展現出極具美感的曲線，其設計概念是來自阿爾卑斯山的冰川景觀。白色充滿曲度的玻璃披覆著車站主體，就像流動的冰川。我想即使沒有周圍的山景，單是車站本身，也是一件值得細品的藝術品。

1 | 鎮上的 Congress 站。
2 | 列車在平地時就如一般列車。
3 | 車廂在斜坡時會變成階梯狀。

此處是 Alpine Zoo 站，下山時我們就在這裡下車，步行往附近的阿爾卑斯山動物園，展開北鏈山之旅下半場。

群峰連綿的阿爾卑斯山令人陶醉

接著兩段交通都是纜車，陡峭又刺激，山巒景緻一覽無遺。最後登上稱為「Hafelekar」的山頂站（2,255 公尺）。走出車站，群峰連綿的阿爾卑斯山全景令人相當陶醉。纜車站外面有幾條健行路線，有些是 45 分鐘、有些長達一個多小時，甚至需要攀爬；或可一路健行回到山腳，適合熟悉此山區的長途健行者。

最靠近山頂站的山峰是 Hafelekarspitze（2,334 公尺），山頂有一座十字架。對於首次到訪的旅客，最經典的路線便是健行登上矗立於山頂的這座十字架。我們慢慢走上去，沿途還有小朋友和長者高高興興地走著，邊走邊欣賞四周景色的轉變，大約只需二十分鐘，便可享受到此山區最優美的景色。

1 │ Hafelekar 的山頂站。
2 │ Hafelekarspitze 的觀景台及十字架。
3 │ 在阿爾卑斯山動物園，棕熊與我們靠得好近！

與高山植物群與珍稀動物的一會

一頭雄健的棕熊原本自在地踱步而行，發現我的出現，馬上感興趣地走過來隔著玻璃打招呼；不遠處的幾隻水獺在水中戲耍、靈活地游來游去；抬頭望向高高的樹上，只見禿鷲停歇著，從上而下注視著每一位旅客……

阿爾卑斯山給人的第一印象是海拔很高的高山，其實這裡還有許多深谷、綿延起伏的山丘、湖泊、河流溼地、沼澤、針葉林、高山草地、冰川等等。換句話說，無論在棲息地、環境、氣候、土壤及地質結構方面，阿爾卑斯山就是一個規模極大且高度多樣化的地區，在此生活的動植物非常多元。

你若還有時間，便要安排下半場：認識及觀賞更多阿爾卑斯山的動植物。下山時，我們在 Alpine Zoo 站下車，顧名思義，這附近有阿爾卑斯山動物園（Alpenzoo），共有兩千種珍稀高山動植物，環境幽靜。我想這是小朋友最期待的行程。在小鎮上也有公車前往動物園。▄

北鏈山上陡峭的纜車路。

1 ｜ 在北鏈山可俯瞰整片因斯布魯克鎮的美景。
2 ｜ 不做任何事情，只是坐在山崖邊的長椅靜靜地欣賞好風光，也很棒。

除了輕鬆的平坦步道，山上還有幾條具挑戰性的攀爬步道，相信走在其中可看到更不一樣的風光。

北鏈山纜車｜www.nordkette.com
阿爾卑斯山動物園｜www.alpenzoo.at

CHAPTER

3

濱湖采爾
Zell am See

穿越阿爾卑斯群山來看湖光山色

優美如詩的濱湖采爾

旅程中我們會到訪兩座湖畔小鎮，第一個登場的「Zell am See」有個詩情畫意的中文譯名，叫「濱湖采爾」，顧名思義，即是「湖濱的采爾」。

風光如畫的湖畔小鎮

奧地利西邊已經進入阿爾卑斯山的範圍，因此山較多，連帶的，湖、瀑布、隧道的數量也不少，尤其是湖泊，坐火車隨便晃個幾圈，便會發現大大小小的湖泊接踵而來；頗為有趣的是，許多地名都稱為「×× am See」，「am」在英文有「at the」、「in the」、「on the」的意思，直翻中文有「畔」、「側」等意；「See」則是英文的湖泊（Lake）。濱湖采爾便是指采爾湖畔的小鎮。

湖畔小鎮的起源

采爾湖（Lake Zell）的形狀像一顆花生，面積 4.7 平方公里，大約是日月潭的一半大小，沿著湖邊有幾座小鎮，而濱湖采爾鎮最著名，位在花生的腰身處，在盛夏季節，

除了健行和登山，各種水上活動也很熱門。健行則是我們主要的活動之一。

遊湖、賞湖不是唯一的重點

規劃行程時，發現當地旅遊局的全名其實是「Zell am See-Kaprun」，一看便知道這一帶的旅遊規劃還包含卡普倫（Kaprun），旅客可搭乘巴士來往相距不遠的兩地。大概很多旅客也會像我們一樣，到訪前以為遊覽此湖邊小鎮，遊湖、賞湖是唯一的重點，但事實上靠近濱湖采爾有一座兩千多公尺的施米滕赫厄山

餐廳戶外區坐滿旅客，大家一邊品嚐地道美食，一邊愜意地欣賞景色。

（Schmittenhöhe），設有多條適合一家大小的健行步道。

另外，卡普倫本身不是湖邊小鎮，而是山腳小鎮，那座山便是薩爾斯堡邦的最高峰──3,203 公尺的基茨斯泰因峰（Kitzsteinhorn），其觀景台稱為「Top of Salzburg」，高達 3,029 公尺。上述兩座山峰，便是我們的登山行程。

還有一座大鐘山（Großglockner）不可不認識，高度 3,798 公尺，是奧地利的最高峰，從濱湖采爾鎮出發去登山觀光最方便，所以不少人便以此地為住宿據點。簡而言之，湖泊與山峰才是濱湖采爾－卡普倫的規劃重點。

這個不在鎮內的著名打卡點，是位於湖泊東北方的某個山丘，能觀賞到美得不得了的湖泊群山景致，即使沒有公共交通工具，也要想盡辦法來一趟。

盛夏的采爾湖，在蔚藍得不可思議的天色下，
澄清的湖水幾乎要與天空融在一起了。

140

1 ｜濱湖采爾
2 ｜采爾湖
3 ｜施米滕赫厄山
4 ｜卡普倫
5 ｜基茨斯泰因峰（薩爾斯堡邦最高峰）
6 ｜大鐘山（奧地利最高峰）
　　注意，在 Berggasthof Mitterberg 是看不到大鐘山的，
　　在基茨斯泰因峰觀景台才可觀望到。

 濱湖采爾—卡普倫旅遊局｜ www.zellamsee-kaprun.com
Berggasthof Mitterberg ｜ www.gasthof-zellamsee.at

俯瞰湖泊的最佳地點

抵達濱湖采爾鎮的那天中午，我們先在酒店放下行李，酒店位於鎮上核心範圍內，十分方便。當地旅遊局人員帶我們去了一個不在鎮內的著名打卡點，位於湖泊東北方的某座山丘上，雖然沒有公共交通工具可抵達，但只要是自駕遊，我便極力推薦你非去一趟不可！

我們乘坐旅遊局人員的車子前往，車子沿著湖邊的車道行走，數分鐘便已來到小鎮的對岸，再繞上山去。隨著車子不斷爬升，視野也漸漸變得開闊，不一樣的湖泊風光展現眼前。山丘大概在海拔 1,200 公尺有一家稱為「Berggasthof Mitterberg」的餐廳及旅館，便是我們的目的地。

正值中午用餐時間，加上當天蔚藍得有點不可思議的天色，很多人跑到山頭上遊玩，餐廳外停了不少車。我們雖然訂了位，但也需要等候一下。這家小型溫馨的餐廳及旅館，屬於家庭式經營，最著名的當然是其熱門的陽光露台。我們三人如願坐在戶外區，一邊品嚐地道的鄉間美食，一邊俯瞰整座采爾湖，以及遠眺卡普倫、施米滕赫厄山和基茨斯泰因峰；這些都是我們接下來要逐一前往的地方。

這個超正的觀賞點，打開 Google Map 便可發現被標上「Zell am See View」，從小鎮啟程，車程大約十分鐘，自駕遊的旅客絕對不要錯過。至於其他旅客亦可選擇搭乘計程車，網路上不少人分享自己不惜撒大錢也要上去，建議不妨在遊客中心或酒店查詢一下計程車的來回車費，車費若在你的預算內，就別錯過這個景點。

清晨散步是一日最美的開始

在采爾湖欣賞不同面貌的湖景

Zell am See

濱湖采爾是一座湖畔小鎮。累積多年的旅遊經驗，我們很清楚住在湖畔小鎮最美好的享受、也是必做的事情，就是把握一天幾個關鍵時段，如清晨、午後、黃昏與晚上，去觀賞不同面貌的湖泊，充分感受截然不同的氛圍。其中我們最期望的，就是清晨寧靜的湖泊。

漫步繞湖一周聽說要超過兩小時，似乎不太可能，不過我們可以挑選最經典的一段輕鬆走一走。Seegasse 大街的盡頭是 Grand Hotel Zell am See，可用湖畔這家酒店作為起點，往 Zell am See 火車站方向散步為止，中間還有正在休息中的遊覽船碼頭，大約十分鐘。

1 | 小鎮廣場的夏日市集，此處還有 Billa 超市，非常方便。
2 | 通往湖邊的 Seegasse 大街，非常熱鬧，圖中盡頭是 Grand Hotel。

欣賞湖泊與山脈全景的好地方

這棟樓高五層的 Grand Hotel，外觀十分華麗，其位置突出在湖面上，是欣賞湖泊與山脈全景的好地方。其湖邊花園是開放給公眾的，我們被吸引著走進花圃，穿過典雅裝飾的花園門口，只見萬紫千紅，一股清香撲面而來，經過夜雨滋潤的鮮花顯得特別亮麗和清新。從花圃望出去的清晨湖泊，泛起一片青煙似的薄霧，之後陽光溫柔地照在波光粼粼的湖面上，像給水面鋪上了一層閃閃發光的碎銀。

多條繫在一起的橘色及綠色小船點綴著湖面，與沿岸的其他小鎮和遠處的群山呼應著。早餐過後，我們便要出發前往基茨斯泰因峰，那山峰的位置就在眼前的群山之間，令人好不期待。

熱鬧的夏日暢泳畫面

至於午後的賞湖方式，自然是坐上遊船。比起在湖邊散步，多了一份動感，並且可以看得更豐富、更廣闊。

在藍天白雲下，遊覽船徐徐地載我們繞湖一周，幾塊

從火車站開始走進小鎮，可見到這座高高的
教堂鐘樓。它是此鎮的標誌物，旅人們只要
看著它，便知道身在何處。

采爾湖美麗怡人的湖景。

歐元一位（持有 Summer Card 可享免費），全程約 45 分鐘，旺季期間差不多每小時便有一班。

　　絕大部分旅客都喜歡坐在遊船上層尾段的戶外空間享受涼風，同時也可盡情觀賞坐落於采爾湖畔的其他幾座小鎮。房子高低起伏地聚散在湖畔和山坡上，仔細一望，發現原來有不少人正沿著湖畔在享受日光浴，色彩繽紛的陽傘，一片熱鬧又愉快的夏日美好畫面正在上映中。

　　當天的天氣真好，我們凝望著被陽光照得閃閃發亮的湖面，實在很想跳下去暢游一番。

小鎮的鐘樓及廣場

　　濱湖采爾鎮不大，火車站外面就是小鎮的主要大街，不遠處還有高高的鐘樓，只要朝著它走即可。漫步小鎮，旅人們會不期然地放緩腳步，享受這個慢活國度的氛圍。鐘樓前方的小廣場和噴水池，就是小鎮核心範圍的中心點，旅客們每天都會走過幾次，四周及附近的街道盡是小巧的餐廳、懷舊的旅館、各式各樣的小店，還有通往湖邊的街道。不用說，廣場一角的 Billa 超市，成為大家補充食糧的補給站。

非常體貼的 Summer Card

持有這張 Summer Card，絕大部分景點都可以免費。

　　最後，也是相當重要的省錢資訊。本地旅遊局提供的 Summer Card（5月中至 10 月中）有別於其他觀光城鎮的形式，因為它並不公開發售，而是與濱湖采爾鎮和卡普倫鎮的數十家旅館合作，凡入住指定旅館，住客便可免費獲贈 Summer Card。Summer Card 十分好用，基本上包含了主要必去景點的交通費，比如上述的遊船，以及施米滕赫厄山、基茨斯泰因峰的登山纜車都可免費。所以旅客挑選酒店時，一定要留意該酒店有沒有免費贈送此卡的服務。■

旅客們每天都會途經鐘樓前的小廣場，從這個
小鎮中心點往湖邊去，坐船也好、往巴士站去
登山也好，都可以展開令人期待的旅程。

濱湖采爾的登山之旅
在施米滕赫厄山上俯瞰采爾湖全景

Zell am See

濱湖采爾依山傍湖，最靠近小鎮的山脈是施米滕赫厄山，因此我們接著便登上此山健行。

屬於阿爾卑斯山系的施米滕赫厄山，標高兩千公尺，冬季時是滑雪勝地，而夏季在山裡健行與乘坐纜車飽覽群山是熱門活動。前往方法很簡單，在小鎮的主要行車路線上有一個公車總站，稱為「Zell am See Postplatz」，多條巴士線由此出發或經過，其中巴士 71 號可前往施米滕赫厄山的登山纜車站，606 號則是去基茨斯泰因峰的纜車站，持有 Summer Card，只需付 1 歐元便可搭乘。由於這兩輛巴士都是前往熱門景點，大約半小時便有一班，十分方便。使用 Google Map 查一查，便可知道班次。

更遠更廣闊的湖泊與山谷

Schmittenhöhebahn 纜車一滑出去，整片的湖光山色立刻在我們下方顯現出來。到了標高兩千公尺的 Berghotel Schmittenhöhe 觀景台及餐廳，是這山區的地標之一，不過觀景台並不是此處的最高點。旅客們走一小段路便可繞上山頂，所謂山頂，實際上就是一大片平緩的空地。相對前文提及的 Berggasthof Mitterberg 以觀望到整個采爾湖為主，此處的至高點則可以望到更遠、更廣闊的景色——采爾湖與周邊的薩拉赫山谷（Saalach Valley）全景皆清晰地展現在眼前。

1 | 在鎮上可觀望到施米滕赫厄山的觀景台（白圈處）。
2 | 我們在鎮上巴士總站搭上 71 號，車程不到十分鐘。
3 | 使用 Summer Card，搭 71 號巴士只需付 1 歐元。登山纜車來回車費的 30 歐元也可全免。

從湖泊到高山，搭乘纜車展開旅程。

149

1-2 ｜ 這山區的步道很平緩，老人家和小朋友也可輕易完成。
3 ｜ 步道上隨處有各種動物的雕塑出沒，造型可愛。
4 ｜ 幾家雙人飛行傘公司的介紹牌，看來在山上滿受歡迎的。
5 ｜ 標高兩千公尺的 Berghotel Schmittenhöhe。
6 ｜ 濱湖采爾鎮。
7 ｜ 右邊步道沿途有幾座山中小湖泊。

山上的兩大熱門路線

此山區的健行路線很簡單，一般旅客都會從山頂開始走，因為走的是下坡路，比較輕鬆。大致有三條主線，對於初次到訪的旅客，其中兩條主線最為熱門，因為終點都可以輕易折返回到濱湖采爾鎮，所以我直接推薦這兩條熱門路線。剩下的一條是前往比較遠的小鎮。

可輕易回到小鎮的右步道

這兩條路線其實就是從山頂開始的左步道與右步道，沿著兩邊山肩緩緩下行。先說右步道，由 Schmittenhöhe（2,000 公尺）開始健行，會一直在平緩的下坡行走，途中有三座小湖泊，大約一個多小時可走到 Gasthof Mittelstation（1,320 公尺）為止。

抵達 Gasthof Mittelstation 後，可以在纜車站內的餐廳休息一下或享用午餐，欣賞景色；最後搭乘那條稱為「Cityxpress」的纜車下山。從纜車線的名稱可猜到，其目的地就在鎮內，離我們坐上 71 號出發的地方不遠，大概行走約十分鐘便可返回熱鬧大街，十分方便。

走左步道前往規劃豐富的 Sonnkogel

至於左步道，就是我們走的那一條，都是輕鬆的合家歡步道，走到 Sonnkogel（1,835 公尺）需時約四十多分鐘。下山方面，旅客先坐吊車，再坐纜車，便可回到纜車站起點，最後坐回 71 號巴士。我猜想左右兩邊的路程總時間都很接近，而且一路上都是風光如畫，湖泊與山谷美景總在視野範圍內。

從 Sonnkogel 開始下山，先坐吊車，後坐纜車，我們就這樣坐回原點。坐著吊車，觀賞湖景，令人心曠神怡。

Sonnkogel 這一區的規劃很豐富，除了餐廳、觀景台、充滿知性的香草花、可愛造型的動物雕塑、供人舒適休息的沙灘躺椅等，還有一個規模不小的「採礦場」，是我很想分享的一件有趣發現。

在這座特別的採礦場上，小朋友搖身一變成為小礦工，使用抽水機器進行抽水。另外，從小山坡的至高點開始，設有多條大大小小的運輸木道與關卡，小朋友在不同的關卡上可以自由操作及體驗。看著他們跑來跑去，我們也混在他們之中，一起在樂趣中探索玩耍。

奧地利有很多古老的礦場，昔日很多人都從事採礦的工作，目前不少礦場更成為著名的景點，採礦業的往昔也成為當地人教育的一部分。像這樣專為小朋友設計的採礦場，在奧地利山區的旅途中我們遇見不少，有些規模比較大，有些設計更豐富。

最後我們在 Sonnkogel 的餐廳品嚐午餐後才下山。在午後的美好陽光下，跳上遊船去賞湖。上山又遊湖，這天的旅程真豐富。▬

施米滕赫厄山纜車｜www.schmitten.at
施米滕赫厄山山頂旅館｜www.berghotel-schmitten.at

1 ｜ Sonnkogel 的吊車站及餐廳，我們在此享受美味的午餐。
2 ｜ Sonnkogel 的沙灘躺椅。
3-4 ｜ 小朋友在採礦場可以自由操作，在樂趣中探索。
5-6 ｜ Sonnkogel 的香草園，種植多種香草植物，部分用作餐廳的食材。

登上三千公尺的觀景台
遍覽奧地利最大國家公園
基茨斯泰因峰的纜車之旅

盛夏季節，每回從溫暖的平地登上寒冷的高山，極大的溫差彷彿兩個完全不同的世界，總覺得不可思議。

基茨斯泰因峰，海拔高度 3,203 公尺，屬於薩爾斯堡邦，也是此邦的最高峰，因此稱為「Top of Salzburg」，其至高點的觀景台也高達海拔 3,029 公尺。以地理位置來說，住在濱湖采爾的旅客，前往這座山峰最為方便，上車地方就在 Zell am See Postplatz。每四十分鐘便有一班 606 號，持 Summer Card 只需繳付 1 歐元便可搭乘，車程大約 20 分鐘。

3,029 公尺的觀景台

再次強調，持有 Summer Card 的旅客，基茨斯泰因峰纜車的來回車費 40 多歐元是全免的。從山腳的第一個纜車站，登上最高的觀景台，需要搭乘三段纜車。

我們在晴朗的一天出發，從攝氏 27 度的山腳來到零下 2 度的至高點。被稱為「Gipfelwelt 3000」的至高點，共有兩座觀景台，我們先登上第一座。

這座觀景台位於 3,029 公尺的高度，距離此山峰頂點的

我們坐上 606 號巴士展開旅程。

3,203 公尺，相差不足兩百公尺。原來觀景台後方有一條上坡路，入口處豎立綠色牌子，寫著「Advance Only」。現場觀察，不少登山客帶著登山杖，一個接一個緩緩地登上去，看來走完這條只有兩百公尺的上坡路便可以成功攻頂，登上 3,203 公尺的峰頂真的很吸引人。

第二個南側觀景台

接著我們穿過 360 公尺長的隧道，來到第二座觀景台，屬於此山峰的南側平台。這邊的觀景台稱為「National Park Gallery Platform」，意思是以欣賞高地陶恩國家公國（Hohe

濱湖采爾的主要景點就是登上基茨斯泰因峰。在湖畔散步或搭乘遊船賞湖時，都可以遠眺到閃閃發光的基茨斯泰因峰，好一幅山巒與湖泊交織而成的美景。

Tauern National Park）為主。

此觀景台下方就是基茨斯泰因冰川（Kitzsteinhorn Glacier），冬天時人們可以滑雪。以在冰川上滑雪來說，這裡是全奧地利的第一座冰川滑雪場，從 1965 年開始營運。夏天期間，滑雪客可以在 6 月底至 7 月底時滑雪。

基茨斯泰因峰

登上三千公尺的雪山，可以玩一玩雪橇，雖然雪坡不算長，但足以滿足許多大人和小朋友。

這一群人在平台拍完團體照，便興高采烈地去攻頂，由平台至頂端的高度落差有兩百公尺。

充滿歡樂熱絡的合家歡地方

從平台下到冰川，人們可以搭乘有軌列車，輕輕鬆鬆地抵達下方的冰場（Ice Arena），這是一個合家歡的好地方，充滿歡樂熱絡的氛圍。實際上這是基茨斯泰因冰川的邊緣位置，面積不算大，設有柵欄，人們無法進一步深入冰川。在這裡，最高興的一定是小朋友，他們可以在雪坡上玩著雪橇（免費的），大人可以在這冰川高原的躺椅上享受日光浴。◼

基茨斯泰因峰 ｜ www.kitzsteinhorn.at

1 ｜南側觀景台，在此可俯瞰高地陶恩國家公園。
2 ｜山頂站與下方的冰場，可以搭乘有軌列車往返。

從觀景台走到下方的冰場，要走一條有繩索的山路，需時約十分鐘。

1 | 在山腳搭乘第一段的纜車。
2 | 在第二及第三站設有餐廳，以及給小朋友玩的設施。
3 | 山頂站沒有健行步道，步道都在第二及第三站的周邊，圖中的黃色牌子便是步道牌。
4 | 山頂站。
5 | 山頂站共有兩個觀景台，人們可通過山中隧道來往兩邊。

CHAPTER

4

薩爾斯堡

Salzburg

讓人遊遍莫札特家鄉的旅程規劃

奧地利第二大觀光城市薩爾斯堡

踏 入薩爾斯堡，也意味著我們的旅程已經快樂地完成一半。薩爾斯堡是奧地利第二大觀光城市，既是莫札特的家鄉，也是經典電影《仙樂飄飄處處聞》（*The Sound of Music*，台譯為《真善美》）的拍攝地。我們預留了四個晚上，有三個全天可安排行程；起初對這樣的安排有點猶豫，可是現在回頭一看，我認為三個全天的時間很理想，經典必去的多個景點都在充裕的時間下遊覽過一遍，完全沒有在趕行程的匆忙感。

薩爾斯堡是一座山城，有多座高高低低的山丘，其中霍亨薩爾斯城堡（Festung Hohensalzburg）坐落在古城區的山丘上，堪稱是此城市的標誌；城堡長 250 公尺，最寬處 150 公尺，是中歐現存最大的一座要塞。另外，薩爾斯河（Salzach）流經古城區，為此城添上美麗的動感，它是橫跨奧地利和德國的因河流域中最長且水量最大的一條支流。

充裕、悠閒的三天行程

三個全天的薩爾斯堡行程分為三部分。第一，自然是漫遊被列為世界文化遺產的薩爾斯堡古城；第二，是薩爾斯堡市的幾個近郊景點，可坐車稍微遠離古城區，從外圍欣賞另一個角度的薩爾斯堡。

至於第三部分，則是出乎意料之外的驚喜，絕對是整個奧地利之旅最難忘的行程之一——我們前往維爾芬的山區小鎮，造訪了那座號稱世界最大、全長超過 42 公里的冰洞。

薩爾斯堡是莫札特的家鄉，隨處可見關於他樂曲演奏會的大量傳單，夏天旺季期間，幾乎天天有多場演奏，以滿足世界各地的樂迷。

薩爾斯堡位於奧地利中部，古城內巴洛克式的建築風格
具有獨特的魅力，並於 1996 年被列為世界文化遺產。

161

住在火車站旁的酒店

　　薩爾斯堡火車站是該國大型火車站之一，內有大型超市，而且星期日也營業，我們住宿的地方就在火車站旁。沒有選擇住在古城區內，是因為古城區的酒店房間給人印象比較小，除非願意花較多的錢入住豪華套房。而且考慮到古城區不是我們唯一要去的地方，還有近郊和維爾芬鎮，再加上薩爾斯堡卡可以免費搭公車，公車從火車站前往古城區只不過數分鐘，所以決定住在火車站前。

　　火車站前有很多酒店，大大小小、各種價位均有。H+ Hotel Salzburg 是最靠近火車站的一家，屬於連鎖式旅館，價格不低，因此房間空間和設備都很好；不過房間雖有窗口，景觀卻還好。反倒是九樓的頂樓餐廳景色一級棒，近景是中央火車站及人來人往的廣場，遠景是古城區及一排排的山景。餐廳更設計一大片玻璃窗，旅客可一邊用餐一邊欣賞美景。

服務周到的洗衣店

　　選擇火車站一帶還有一個重要的原因。因為步行十分鐘左右便有一家洗衣店「Norge Exquisit」。雖然不是自助式，收費貴一點，但能及時解決清洗衣物的煩惱。大約兩公斤的衣物收費為 20 多歐元。取回時，我們發現店員會把衣服分類並整齊地摺好，便覺得物超所值。

1-2 ｜ 旅客在酒店頂樓享用早餐，我們最喜歡坐在大片玻璃窗旁，本頁的畫就在那幾天的早餐時段慢慢完成。

3 ｜ 窗外的火車站景色。

4 ｜ 右邊是火車站大門，左邊即是 H+ Hotel Salzburg。

5 ｜ 車站內的超市天天營業，黃昏後特別多人，看來都是住在附近的旅客。

6-7 ｜ Norge Exquisit 解決了我們急需清洗衣服的煩惱。

薩爾斯堡火車站一景。

163

超值的薩爾斯堡卡

　　許多觀光城市都有不同賣點的旅遊卡，一卡在手，可讓旅客免費搭乘交通工具，並享免費或特惠的門票費用。不過在我們旅遊多國後，往往發現有些旅遊卡其實不會特別省錢，有效範圍不多，不太值得購買。另外，有些旅遊卡雖然列明可以免費進入幾個熱門景點，但事前需要花時間前往另一個指定地點兌換，對於這種額外的程序真的很傷腦筋。不過上述情況，通通沒有發生在薩爾斯堡卡（Salzburg Card）上。

　　此卡提供 24、48、72 小時等三種選擇，價錢分別為 30、39、45 歐元。我們買了一張 72 小時的薩爾斯堡卡，古城區及近郊的最熱門景點全部都可以免費參觀一次，而且我們計算過全部可省下的交通費及門票錢，真的很划算，也可省去排隊的時間。又比如說，薩爾斯河遊船的價錢為 17 歐元，再加上二至三個景點或博物館門票，使用 30 歐元的 24 小時卡也綽綽有餘。

　　旅客可事前在網路訂購電子卡，或者來到當地直接在火車站旅客中心購買實體卡。＝

我們使用的 72 小時薩爾斯堡卡，須在背面填上名字與開始使用的日期與時間。持卡的旅客搭公車與參觀大部分景點都可享免費優惠。

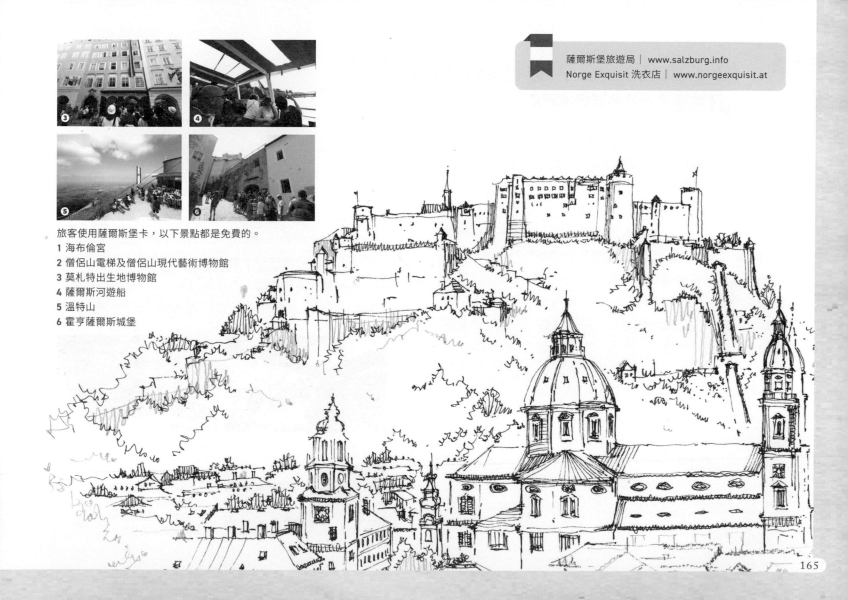

薩爾斯堡旅遊局｜ www.salzburg.info
Norge Exquisit 洗衣店｜ www.norgeexquisit.at

旅客使用薩爾斯堡卡，以下景點都是免費的。

1 海布倫宮
2 僧侶山電梯及僧侶山現代藝術博物館
3 莫札特出生地博物館
4 薩爾斯河遊船
5 溫特山
6 霍亨薩爾斯城堡

坐上黃昏遊船享受日落的火紅時光

在薩爾斯河上將古城盡收眼底

Salzburg

旅行的小確幸，往往發生在沒有規劃的事情上。天色漸近黃昏，我們喝完令人抖擻精神的咖啡，便拐個彎回到馬可橋（Makartsteg），掛滿同心鎖的行人橋是旅客打卡的熱門地點。對岸便是列入世界遺產的古城區，只見橋旁邊的遊船碼頭已有人在等候。薩爾斯河遊船是每小時一班，起初沒有認真考慮過該搭乘哪一班，只是旅遊旺季的旅客特別多，下午兌換船票時，工作人員告知只剩下傍晚7點的那一班船才有空位。我們自然搭上這唯一一班的「黃昏遊船」。

在對的時間展開日落遊船之旅

對的時間，對的天氣，便會遇上對的美景。日落西山，所有景物的輪廓線條變得沒那麼清晰，天空亦漸漸變得一片火紅，大家一路上觀看到的薩爾斯河岸景色，都在落日餘暉的映照下顯得格外燦爛，美得不可思議。對於我們兩個、甚至同船的每一位旅客來說，7點就是那個「對的時間」。

聞名的水上運鹽通道

「Salzburg」的「Salz」是德語的「鹽」，而流經薩爾斯堡心臟地帶的河流便稱為「薩爾斯河」，但這裡並不是說河水產鹽。原來19世紀以前，此處山區都有不少開採鹽的地方，比如哈修塔特小鎮即是。至於薩爾斯河，就是當時全國重要的運鹽通道，沿岸不少地方也因此興旺起來。這條聞名的水上運鹽通道，直到鐵路運輸興起才日漸沒落。

1 | 遊船的尾部採半開放式，是最受歡迎的位置。
2 | 碼頭的遊船售票處。
3 | 遊船碼頭及遊船。

薩爾斯河由城市的中央貫流而過。古時人們在上游處發現鹽礦，因為開採鹽礦而逐漸在沿岸形成聚落，而這些鹽也經由薩爾斯河送往包括羅馬在內的歐洲各地，故稱「鹽河」。

薩爾斯河的河心視野開闊，可在遊船上將城堡、教堂盡收眼底。河的上游發源於阿爾卑斯山脈，大量的雪山融水形成充沛的水力，沿線設有十二座發電廠。下游則進入德國境內，與因河合流。

薩爾斯堡卡可換取免費船票

薩爾斯河的遊船很受歡迎，亦有多條長短不一的航線，甚至有配上晚餐的特色航線，最多人搭乘的應該是 Tour I 這條。因為用薩爾斯堡卡可享免費優惠，乘客特別多，所以持卡者需要事前在碼頭查詢哪一班有空位才能換票。這個遊船之旅由 5 月至 11 月中旬，每天均有班次，7 月及 8 月當然是旺季，每天班次最多，每小時整點便有一班，全程約四十多分鐘；第一班由早上 11 點發船，最後一班為晚上 8 點整。

從水上角度認識薩爾斯堡

Tour I 航線的遊船是一路往南移動，河面相當平穩。船長使用德語和英語解說沿途景色與河岸發展的故事。隨著船行漸南，景觀漸趨原始自然。遊船大約在 7 點 40 多分返回碼頭，船長在最後靠岸前還特別加碼一段水上迴旋多次，搭配輕快愉悅的古典音樂，無論大人或小孩都不禁歡笑起來，為這趟遊船行程劃上句號。

異常美豔與奪目的火紅色景象

下船時，夜幕已經完全掛起，四周景物的輪廓線條好像消失一樣，與夜色融為一體。我滿腦子依然滿載著一幅幅難忘深刻的日落景象——兩岸高高低低的房子、背後藏著許多故事的教堂、愜意散步的人們、載著新鮮食材踏著單車的居民、躺在草地上輕聲細語的情侶、沒有雲的廣闊天空、一排排起伏不一的群山、遠方天際的幾群小鳥等等，全部染上濃淺不一的火紅色，異常美豔、異常奪目，我們真有幸能夠目睹這一切。想著想著，便覺得這次換票搭上 7 點的船班，是這天旅行的小確幸。▬

1 │ 馬可橋是連接新城區與古城區的行人天橋，步行入古城的旅客必經過此處。此橋共有三代，第一代建於 1905 年，用以紀念當地出生的 19 世紀畫家漢斯‧馬卡特（Hans Makart）。第二代橋在 1967 年出現，以取代老舊的第一代橋，它有個有趣的外號叫作「搖搖橋」，據說人們站在橋上會感到晃動。雖然很受當地孩童歡迎，但搖了三十年畢竟撐不下去，2000 年再次重建，就是現在的第三代橋。
2 │ 掛滿同心鎖的馬可橋。遊船碼頭就在靠古城那頭的橋口處。

薩爾斯河岸的草坡及步道，人們都愛在黃昏時段
來此享受愜意的時光。坐在船上的我看著這幅景
象時便想：第二天應該找個機會再來河岸一趟，
在步道走一走，或是躺在草坡上睡個覺也好。

沒有任何預告，旅行小確幸就這麼出現了。四周的一
切都染上濃淺不一的火紅色，異常美豔、異常奪目，
我們真有幸能夠目睹一切。

用另一角度遠眺薩爾斯堡
登上僧侶山享受薩爾斯堡環山全景

登上霍亨薩爾斯城堡可以一覽全城景色，我們有幸在天色很好的時候抵達，站在城堡的觀景台遠眺到的全景極為動人。不過，雖然很滿足，但好像還欠缺了什麼非常重要或無可取代的東西⋯⋯

究竟還缺了什麼呢？

在薩爾斯堡卡傳單的免費景點中發現「Mönchsberg Lift」，得知搭乘這趟上下往返的電梯原價收費是 4.2 歐元。在好奇心的驅使下再仔細一看，發現「Mönchsberg」就是僧侶山的意思，其位置就在古城區的邊緣，稍微離開熱鬧的一帶。傳單是這樣寫著：「Three elevators take you to the most stunning panorama terrace in Salzburg.」這句話立即吸引我的視線，「欠缺什麼」的疑問好像找到了答案了。

真正的薩爾斯堡全景

登上霍亨薩爾斯城堡的觀景台，為何其全景無法完全滿足我，我終於明白問題所在——因為巍然矗立在山上的

霍亨薩爾斯城堡，才是整座城市最大的觀賞焦點，畫面上若沒有它，就像電影沒有主角一樣。所以「真正的薩爾斯堡全景」，霍亨薩爾斯城堡必須出現在畫面中。至於這幅旅客常常可以在明信片上看到的經典畫面，專業攝影師究竟是去哪兒取景的呢？

原來在古城區周圍，除了城堡坐落的山之外，還有一座僧侶山（Mönchsberg），在這座山丘上便有一座可以看到霍亨薩爾斯城堡的觀景台。僧侶山電梯（Mönchsberg Lift）入口就在 Gstättengasse 大街上。

1 ｜ 僧侶山電梯入口。

2 ｜ 僧侶山的觀景台。

僧侶山現代藝術博物館坐落於五百多公尺高的僧侶山上，人們可以健行上山，或是搭乘電梯。這裡是欣賞「真正的薩爾斯堡全景」的好地方。

那句「the most stunning panorama terrace」真是形容得十分貼切，不僅可以在城堡以外的高處用另一個角度觀看整座城市，最重要的是還能眺望遠處宏偉而立的霍亨薩爾斯城堡。霍亨薩爾斯城堡就是此城的主角，那些最經典的薩爾斯堡畫面，毫無疑問就是在此處拍攝的。

僧侶山現代藝術博物館與 19 世紀的水塔視野極佳，可一覽以霍亨薩爾斯城堡為主角的城市景觀。

最經典的薩爾斯堡環山畫面

僧侶山之名，是以附近的聖彼得本篤會修道院的僧侶命名，就在薩爾斯河的左岸，其最高點為 508 公尺。由於不算很高，山上也有高原草地和林地，長久以來吸引不少本地人來此處健行。話說，第一代電梯建於 1890 年，成為當時歐洲最高的電梯。隨後，山上出現餐廳、賭場等等，人氣興旺，可惜一度沒落，直至十多年前才重新規劃。旅客目前可搭乘快速電梯登上山上平台，這裡不但有視野極佳的餐廳與觀景台，還有僧侶山現代藝術博物館，成為此城的熱門景點。

僧侶山現代藝術博物館

　　薩爾斯堡的現代藝術博物館，事實上共有兩座，第一座建於 1983 年，稱為「Rupertinum Museum of Modern Art」，就在古城區方濟各會教堂旁邊。至於僧侶山現代藝術博物館則是分館，是重新規劃此山的焦點之最。

　　當時為了挑選建造新美術館的設計師，1998 年時曾舉辦設計競賽，共有 145 位候選者，最後選出德國建築師所組成的設計團隊。博物館的外牆採用的大理石，全部採自薩爾斯堡附近的溫特山。在山下可以遠望到看起來彷如一個長立方體的獨特建築結構，與旁邊歷史悠久的 19 世紀水塔並立，一新一舊，非常絕配。博物館於 2004 年開幕，館藏以 20 至 21 世紀的歐洲藝術作品為主。

　　最後一提，現代藝術博物館新館及舊館的門票，持薩爾斯堡卡都可以免費進場。我們抵達僧侶山時雖然已經閉館，但館外亦設有多座大型立體雕塑可供欣賞。

　　在我們欣賞這些作品之際，只見不少離開的人並沒有選擇搭電梯，而是以健行下山，原來此山重新規劃後，設有多條輕鬆易走的健行路線。時間充裕的旅客們不妨慢慢步行下山，所需時間也不過半個小時。■

1 ｜ 藝術館的餐廳。　　2 ｜ 僧侶山現代藝術博物館的入口。
3-5 ｜ 藝術館戶外區的大型雕塑，與山頂林地融為一體。此處設有多條步道，人們可輕鬆健行下山，返回古城區。

納進霍亨薩爾斯城堡的畫面，才是此城最經典的形象。

薩爾斯堡近郊的半天小旅行
喜愛惡作劇的海布倫宮與溫特山家山行

這趟薩爾斯堡的近郊小旅行，共有兩個地方：溫特山（Untersberg）和海布倫宮（Hellbrunn Palace）。這兩個點都在薩爾斯堡市區南邊，只需搭乘25號巴士即可到達。且這兩個景點同樣可使用薩爾斯堡卡，尤其是前者的纜車費用為25歐元，是眾多景點中原價最昂貴的，所以多數人都會選擇去一趟。兩個景點大概預留半天就很足夠了。

25號巴士串連兩個景點

那天，我們於中午左右在米拉貝爾宮搭上25號巴士出發。巴士駛離市區進入郊外，一路經過人煙稀少的小鎮，大約二十多分鐘便抵達Schloss Hellbrunn站，下車後走數分鐘來到海布倫宮入口。至於溫特山，旅客不用下車，巴士繼續前行約二十分鐘，總站便是溫特山纜車站。

17世紀財力雄厚的薩爾斯堡區掌權者

海布倫宮的神祕機關，將會讓半天旅程添上趣味。17世紀初，薩爾斯堡地區的掌權者為馬爾庫斯·西提庫斯（Markus Sittikus von Hohenems），是薩爾斯堡大主教（Prince Archbishop of Salzburg）。大主教不但大權在握，而且擁有大量的黃金與鹽，財力雄厚，因而下令在水源豐富的海布倫山（Hellbrunn Mountain）的山腳下，修建專門給自己休閒遊樂的行宮。行宮落成於1619年，因為一開始他只打算在日間逗留，晚間返回城市，所以不設臥室。他更邀請一批義大利工匠，負責一項充滿精巧設計的特別任務——惡作劇噴泉（Trick Fountains）

1 | 來到海布倫宮，首先要登記導覽團，持薩爾斯堡卡可免費換票。
2 | 海布倫宮的正殿。通常會在導覽團結束後，才入內欣賞。

時至今日，海布倫宮不只是一座宮殿，也是一座泉水樂園。有些遊客會穿著雨衣，要不就帶把傘，我想既然有膽進來，那就得嘗嘗大主教當初捉弄人的滋味。上圖都是導覽團第一站，大人、小朋友都歡天喜地地享受著被作弄的感覺。

原來大主教本身就是個童心未泯、很愛惡作劇的老頑童，這座惡作劇噴泉的範圍設置了多座充滿陷阱的噴泉，每一座噴泉都是有典故的。旅客們入內參觀必須報名導覽團，全程約一小時。購票或憑薩爾斯堡卡換票時，旅客即可順便安排導覽時間。

主教寶座上有一個隱密的開關

第一站是最大焦點，我們坐在一個半圓形的石造觀眾席，正中央擺放的「噴水石頭桌子」正是海布倫宮的「鎮宮寶物」，也是昔日大主教與貴賓在戶外用餐的地方。主教寶座上有一個隱密的開關，一旦按下，除了主教坐的主位，其它座位的後方都會噴出水來，全部賓客無一倖免，衣服和褲子全部被弄溼了。

導覽員一邊聊著以往人們被噴得一身溼的驚慌失措模樣，一邊邀請在場的旅客前來這張石桌子坐下。大家當然都預料到坐下後會發生什麼事情；這時候愛玩水、不怕溼的小朋友通常最踴躍，而不少大人也願意加入行列。於是乎，導覽員就在不經意間按下開關，議事桌的四周立即噴起水來，大人、小朋友都哇哇大笑，高高興興地被弄溼了。

就這樣，我們在庭園逐一參觀多座惡作劇噴泉。其中一座是與音樂有關的機關，它是一個完全由水力發動、超過兩百個人偶演奏音樂的劇場，場景展現了薩爾斯堡老百姓的日常生活。當大家聽到入迷時會發生什麼事呢？我想不必多說了吧——導覽員出奇不意地開啟機關，旅客們馬上「中招」。可以全身而退、沒有溼身的，大概只有導覽員自己一個人而已。

四面八方突然噴來的水，躲也躲不掉，會弄得你全身溼淋淋，哭笑不得！能全身而退、沒有溼身的大概只有負責開關的導覽員。
所以一定要抱著「隨時溼身」的心理準備，心甘情願地接受被玩的感覺。

調皮搗蛋臉是鎮宮寶物之二。他會眨眼、吐舌、搖耳，還會噴水！導覽員笑說設計者是根據「大主教頑皮的樣子」來打造的。

鎮宮寶物之三是巨大的機械音樂盒，場景是當時老百姓的日常生活，伴隨著悅耳的音樂，上百尊的木偶小人都會各自活動起來。

仙樂飄飄處處聞的玻璃屋

　　結束導覽後，馬上就可以看到美麗遼闊的花園。從園區的示意圖來看，夏宮九成以上的土地都被綠地、樹林、人工湖所覆蓋。且不說不知，在庭園東北方的一個角落裡，我們將會驚喜遇見那座《仙樂飄飄處處聞》的玻璃屋（Pavillon）。

　　四百年前的海布倫宮屬於大主教與上流社會的寶地，如今宮殿、花園開放給大眾，展出大主教的生平歷史，還有當時人們的傳統服飾、家具、樂器和民俗文物。除了來玩水外，這些珍貴的展示也能讓人逛得饒富興味。

彩蛋景點：薩爾斯堡動物園

在海布倫宮不遠處有薩爾斯堡動物園（Zoo Salzburg Hellbrunn），對於帶著小朋友的父母或時間較充裕的人，這個動物園便是很棒的第三個近郊景點，同樣可使用薩爾斯堡卡。搭乘 25 號巴士也可到達，下車地點即是海布倫宮之後的車站「Anif b.Salzburg Zoo Salzburg」。

薩爾斯堡人的家山

海拔高 1,973 公尺的溫特山，本身是薩爾斯堡郊區最高的山峰，不過打開地圖便知道，它是貝希特斯加登（Berchtesgadener）的阿爾卑斯山脈最北端的一塊，仔細一看，此山實際上跨越奧地利薩爾斯堡與德國貝希特斯加登之間，而且三分之二都在德國境內。不過由於在薩爾斯堡市內可以遠望此山，以此山作為背景的薩爾斯堡也堪稱是經典畫面。事實上，薩爾斯堡人長久以來一直視溫特山為「我家的山」，再加上不用搭火車，自駕或坐巴士在一小時內即可到達，因此許多本地人喜歡在週末去這座家山或周邊走走。

溫特山的路線不複雜，從山頂纜車站登上第一個點的觀景台，大約需時十多分鐘。

25 號巴士載我們來到總站，下車即見溫特山纜車站，持薩爾斯堡卡可免費搭乘。隨著纜車上升，愈接近山頂，視野愈廣闊，很快便登上海拔 1,776 公尺的山頂纜車站。

輕鬆易行的溫特山路線

對於一般的外國旅客來說，山上的熱門路線算是輕鬆易行的，熟悉地形的登山客甚至可以橫跨國界、一直走進德國。

首先，在車站上方的山頂是第一個點，旅客步出車站後，很快便見到稱為「Hochalm am Untersberg」的旅館，這時餐廳通常都坐滿旅客，十分熱鬧。旁邊有一條上行的山路，大家順勢繞上去，不久便能輕鬆地攻頂。

薩爾斯堡市及其南郊一帶的平原景色

山頂上是一座小型觀景台，擠滿正在享受好風光的旅客。豎立著鋼鐵製的十字架，彷彿有一種遺世獨立的氛圍。

上行途中，抬頭望著天空，巨大的十字架被藍天白雲包圍，讓人有一股莫名的感動。夏天的翠綠在接近兩千公尺的高處一覽無遺，無論是坡地或是高低錯落不平的大小山頂。往山頂纜車站的同一方向眺望，會先看到薩爾斯堡市及其南郊一帶的平原景色，稍早到訪過的海布倫宮也在畫面中（雖然很小一點）。至於德國的貝希特斯加登，也出現在視野的左邊，由此可知，薩爾斯堡真的很靠近德國。

1 ｜薩爾斯堡中央火車站
2 ｜薩爾斯河
3 ｜霍亨薩爾斯城堡
4 ｜利物浦斯康宮
5 ｜海布倫宮及薩爾斯堡動物園
6 ｜薩爾斯堡機場
7 ｜德國的貝希特斯加登

1 ｜ 離開第一個點後，旅客們紛紛前往第二個點。
2 ｜ 山上設有多條健行路線。

巨大的十字架被藍天白雲包圍，讓人有一股莫名的感動。第一個點及第二個點各有一座十字架，遙遙對望。

兩國交界點以十字架為記

　　折返剛才的旅館，便可繼續前行，大概需時半小時以上。第二個點就在另一邊的山頭，稱作「Salzburger Hochthron」，海拔 1,852 公尺。山頂上同樣有一座高聳的鋼鐵十字架，與第一個點的十字架好像是雙生兄弟，遙遙對望不孤單，旅客在第一個點的觀景台上也可隱約遠眺到。那麼為何這座稍為高出一點點的山頭上會豎立另一座十字架呢？原因應該有幾個，從地理來看，其中之一便是──那裡正是奧地利與德國的交界點。

　　旅客們來回兩座同樣豎立十字架的山頂，又在山中旅館喝咖啡，並欣賞阿爾卑斯山的壯麗景色，如此便也愜意地完成這趟薩爾斯堡家山行。■

只見路上的旅人朝著第二個點的十字架緩緩走去，從這方向一直觀望過去，全是德國境內。

海布倫宮｜www.hellbrunn.at
溫特山纜車｜www.untersbergbahn.at
薩爾斯堡動物園｜salzburg-zoo.at

悠遊仙樂飄飄的真善美之境
跟著電影拍攝地半日團過戲癮

人們會對薩爾斯堡的美景印象深刻，於 1965 年獲得奧斯卡金像獎最佳電影的《仙樂飄飄處處聞》可謂功不可沒。此經典電影的中文名稱，廣為人知的有《真善美》、《音樂之聲》與《仙樂飄飄處處聞》等，後者採用意譯，是香港人習慣使用的譯名。作為土生土長的香港人，我們自然決定使用這個格外親切的名稱。

參訪《仙樂飄飄處處聞》拍攝場地的半日團，其英文的正稱名稱為「Original Sound of Music Tour®-Tour 1A」，由 Salzburg Panorama Tours 這家旅遊公司主辦。據說，這家旅遊公司在當地十分有規模，專門舉辦薩爾斯堡及其周邊的旅遊團，包括我們下一站要造訪的哈修塔特。帶著長輩同行或想參加旅行團的旅客，不妨可了解一下這家的服務內容。

全程四小時的半日團

無論在薩爾斯堡旅遊局網頁、網路上旅客們的討論，或是在當地遇見的宣傳單上，印象中 Salzburg Panorama Tours 出現最多次。從名稱中的「Tour 1A」便可猜到，此家還有其他以《仙樂飄飄處處聞》為主題的團，但以此團最大眾化。半日團全程四小時，旅遊旺季分為上午團及下午團，也分有英語團和德語團。我們在前一天報名參加上午團，每位旅客 60 歐元，此處不適用薩爾斯堡卡。

出發當天，我們粗估團員超過一百多人，至少要動用三至四台旅遊大巴，可見其受歡迎的程度。大概同一時段，還有往哈修塔特的旅行團出發。

1 | 位於市內的米拉貝爾宮花園，是半日團的上車點與最後一站。
2 | 花園內的飛馬雕像。電影中，瑪麗亞帶領著孩子們在此跳舞，並吟唱〈Do-Re-Mi〉。

如果說，是莫札特的出生成就了薩爾斯堡的不朽，那麼，真正讓薩爾斯堡名揚世界的，應該是《仙樂飄飄處處聞》這部電影。導演以薩爾斯堡的風光作為整個故事的拍攝背景，彷彿旅遊指南般地將精緻美景一一呈現，不僅使電影大獲成功，也將薩爾斯堡美麗的景色介紹給世人。數十多年來，眾多遊客循著片中場景，重溫電影美好記憶，歷久不衰。

1 ｜當日超過百人參加這個半日團。
2 ｜導遊會在車上大致將整個故事解說一遍，並播放幾首耳熟能詳的經典電影歌曲。

上車點與最後一站：米拉貝爾宮花園
第二站：利物浦斯康宮
第三站：海布倫宮及玻璃屋
第四站：聖吉爾崗鎮和沃夫崗湖
第五站：蒙特湖鎮的聖米迦勒大教堂
上圖是贈送的電影場景明信片。

第二站：利物浦斯康宮

導遊帶我們來到湖的另一邊遠眺，這角度是宮殿
的後院及庭園，在電影中被用作男爵一家的住宅
正面。但實際上並沒有在裡面拍攝過，而是在攝
影棚裡複製宮殿的威尼斯房間作為大舞廳。

短時間內就能了解電影的幕後故事

參加完這個團後，我在 Tripadvistor 網頁讀到一些旅客的分享心得，大致跟我們的想法一致，節錄部分給大家參考，包括：「有些景點略有純粹下車拍拍照的感覺，但對於此電影的粉絲來說，絕對是聖地巡禮」、「這團是不開車又很喜歡此電影的人的絕佳選擇，參加者可在很短的時間裡了解此電影的幕後故事」、「一路聽著電影中的經典歌曲，跟著一車粉絲一路走一路唱，也是一種享受」、「每個景點都比較匆忙，但如果是影迷，又或者想快速瀏覽薩爾斯堡的周邊景色，十分推薦」。

至於我們，雖不算是粉絲，但本身很喜歡這部電影。這是我們第一次參加特別針對電影場所規劃的行程，頗有新鮮感。我們就是把這段行程當作薩爾斯堡近郊的半日遊，也早已料到有些景點會比較匆忙，所以我們不介意，且至少有兩個景點的參觀時間相對足夠。同團旅客真的有不少超級影迷，他們會大聲唱出電影名曲，或精準地唸出主角的對白，絕不誇張。

上車點與最後一站：米拉貝爾宮花園

整個行程共有五站，不是照順序前往。上車的地方就在米拉貝爾宮花園（The Mirabell Gardens）旁邊。米拉貝爾宮花園其實也是其中一站，在影片中，此花園廣場出現多次，包括瑪麗亞帶著孩子們在飛馬雕像旁跳舞，並吟唱〈Do-Re-Mi〉一曲，所以上車點也是最後一站。巴士回到廣場時，導遊便帶著大家進入花園繼續導覽，大概十多分鐘，之後大家便自行解散參觀。

第二站：利物浦斯康宮

大巴離開市區先往南走，抵達位於湖畔的利物浦斯康宮（Schloss Leopoldskron），這裡是電影裡男主角的大房子。瑪麗亞就是在這裡當家庭教師，教導七個小孩唱歌跳舞，以愛心感動他們。門口的湖就是小孩戲水划船的地方。

導遊解說當初選擇拍攝此大屋，是因為大屋前有小湖，後面有山景，是非常優美的搭配。不過電影並沒有在宮殿內部拍攝，劇中華麗的大型宴客廳是參考宮殿裡一樓的威尼斯房間（Venetian Room）所搭出的布景。另外，據說拍攝瑪麗亞跟孩子們划船落水的那一幕時，實際的水溫很低，還因為導演的要求而拍了兩次。

我們在對面的湖邊遠望利物浦斯康宮。

此建築建於 1736 年，屬於洛可可式風格，目前是奧地利的國家歷史紀念建築。自 2014 年成為高級酒店 Hotel Schloss Leopoldskron，雙人房每晚的價錢從 200 多歐元起跳，若想在寧靜的湖畔住上幾天，不妨考慮一下。

第三站：海布倫宮及玻璃屋

海布倫宮就是上一篇近郊之旅的第一站。電影裡的上校大女兒麗莎和男朋友羅爾夫在一座小小的玻璃屋約會，並合唱〈即將 17 歲〉

我們的導遊正在介紹玻璃屋。

（Sixteen Going On Seventeen）。看過電影的人對這座彷彿是大鳥籠的玻璃屋很有印象，實際上這是為劇情需要而特別建造的，而拍攝關於玻璃屋的情節就在利物浦斯康宮殿的花園內，拍攝完後繼續安放在此。之後電影大受歡迎，大量影迷和旅客蜂擁到花園來看玻璃屋，導致交通壅塞等問題，最後才搬到海布倫宮內。所以，海布倫宮與玻璃屋其實沒有任何關係。

至於小屋的門以前沒有上鎖，遊客可以進入。但曾有一位婆婆想學麗莎從一張長凳跳到另一張，不慎摔成重傷。為避免再發生意外，現在只能在屋前合影紀念。

第三站：海布倫宮及玻璃屋

這是片中長女麗莎和男友羅爾夫約會時翩翩起舞的地點，道出一段純純的少女情懷及純真初戀，也是瑪麗亞和上校互訴衷情的地方。它實際上是為劇情需要而特別建造的。到現場看，會發現這座玻璃屋比電影中看起來要小得多。

第四站：聖吉爾崗和沃夫崗湖

接著，旅遊巴士往薩爾斯堡西南方走，那邊有六、七個大大小小的湖泊聚在一起，各有特色，包括沃夫崗湖、蒙特湖等。其中聖吉爾崗鎮（St. Gilgen）和沃夫崗湖（Wolfgangsee）便是電影一開場就出現的實景，湖光山色美不勝收。不過這段湖光山色，大部分只能從車內觀望。

幸好，車子來到聖吉爾崗鎮後方的公路上，這裡有較好的觀賞角度，車子便停在路邊數分鐘，大家可以下車欣賞湖景。當時天色十分好，遠眺沃夫崗湖的湖水，再加上左右兩排的群山延展開去，相當美麗。停車數分鐘、快速拍照後，大家紛紛上車繼續行程——畢竟，這就是觀光團。

我們若能多留一天，便很有機會能安排沃夫崗湖的日歸旅程，近距離欣賞這座美麗的湖泊。事實上，沃夫崗湖主要有兩座湖畔小鎮，除了聖吉爾崗鎮，還有聖沃夫崗鎮（St. Wolfgang），都頗受旅客喜愛。人們也可搭乘觀光小船來回兩鎮之間。在薩爾斯堡市區可搭 150 號公車，再轉搭 546 號公車，便可抵聖沃夫崗鎮，車程時間約一個半小時左右。

第四站：聖吉爾崗鎮和沃夫崗湖
此乃電影開場的實景，沃夫崗湖與湖畔小鎮組成的景致十分優美。如果能夠多留一天的話，我們便會安排沃夫崗湖的日歸旅程。

第五站：蒙特湖鎮的聖米迦勒大教堂

教堂鵝黃色的色調十分吸引人，此乃電影中舉行婚禮的地方，也是許多粉絲最愛的景點。

第五站：蒙特湖鎮的聖米迦勒大教堂

　　不計算米拉貝爾宮花園的話，蒙特湖鎮（Mondsee Town）便是最後一站。旅遊巴士到達蒙特湖邊，一下車便發現這處真的很熱鬧，隨處可見不少散步中或騎單車的遊客，一艘坐滿乘客的遊船還剛剛駛離碼頭。

　　蒙特湖（Mondsee）有另一個非常美麗的名字，德語直譯為「月亮湖」（「Mond」意為月亮，「See」

1 ｜ 我們坐上觀光小火車前往最後一站。
2 ｜ 蒙特湖鎮上色彩繽紛的木屋。

191

代表湖），因瘦長的月牙形而得名。湖水清澈，靜謐美麗，與周邊的小木屋和蓊鬱森林相映成趣。遊客也可乘坐纜車上山頂，俯瞰月亮湖和湖畔小鎮。

月亮湖還有一個傳說。傳說奧迪羅公爵（Duke Odilo）在此湖狩獵時不慎迷路，黑夜裡他身處懸崖邊，十分危險，忽然月亮從烏雲間出現，照亮了他回家的路，救了他一命。公爵為表達感激，在湖邊建了一座修道院，並將湖命名為月亮湖。

我們實際上是要去小鎮的核心範圍，導覽團免費安排了觀光小火車帶大家前往。我們在鎮上停留大約一小時，除了走訪教堂，另外也逛逛小鎮大街。小鎮中心有不少旅館、餐廳及紀念品店，教堂前廣場更在舉辦夏日市集，吸引著旅客目光。聖米迦勒大教堂（St Michael Basilica）是大家的焦點之一，鵝黃色的外觀色調很奪目，聽說這是許多旅客蜜月旅行時必朝聖的景點之一，因為是電影中男女主角結婚的教堂，而且劇組也實地在現場拍攝。這座哥德式教堂建於 15 世紀，兩座塔樓高 52 公尺，2009 年曾進行大型修復工作，所以從外觀上看不出歲月的痕跡。

我們和團友仔細觀賞教堂內部，十字架、雕像、玻璃畫等等，都勾起電影情節的回憶。另一邊，同團中有些夫妻或情侶一馬當先走上高台，輪流當起男女主角。他們在台前執起手來，深情款款地凝視對方，唸起經典對白，其他人則幫忙拍攝。

1 │ 到了現場，不過過戲癮太可惜了。一對又一對的夫妻或情侶，重現著經典的這一幕。
2 │ 教堂內有販售這一幕的明信卡，許多旅客都會買來收藏。

Original Sound of Music Tour®-Tour 1A │ www.panoramatours.com
Hotel Schloss Leopoldskron │ www.schloss-leopoldskron.com
聖沃夫岡鎮 │ wolfgangsee.salzkammergut.at
蒙特湖鎮 │ mondsee.salzkammergut.at

他們一臉上天下地唯我幸福的甜蜜樣子，也順便過足了戲癮。我猜想其他人除了替他們高興外，大概也見識到了這部經典電影深入民心、歷久不衰的魅力吧。

我們沒有到訪的儂山修道院

旅行團沒有去的電影場景共有幾處，其中之一是儂山修道院（Nonnberg Abbey），很值得分享一下。此修道院是阿爾卑斯山以北地區最古老的女修道院，從 714 年建成以後，一直保存到現在。

修道院在電影裡頻繁出現，比如開場時修女們去做彌撒、瑪麗亞晚歸時的場景、孩子們到修道院門口請求瑪麗亞回家、逃跑時轎車停放在修道院的門外等等。後來特拉普一家躲避納粹時，也是在這裡拍攝。

在原著中，儂山修道院也很重要。真實的瑪麗亞·馮·庫在大學畢業後，搭乘火車來到薩爾斯堡，是在此修道院當見習修女的。後來她在特拉普男爵家擔任女家庭教師後與男爵相戀，並於 1927 年結婚，結婚地點不是在蒙特湖鎮的教堂，而是在這座修道院。=

走進音樂之城的夢幻花園
薩爾斯堡市中心 Part 1：借景古城區的米拉貝爾宮花園

薩爾斯堡市中心之旅包含古城區及新城區，薩爾斯河貫穿市中心，其右岸是新城區，左岸則是古城區。大部分旅客都是從薩爾斯堡火車站展開旅程，持有薩爾斯堡卡的話，便可免費搭乘巴士。不需數分鐘，即可抵達米拉貝爾宮及花園所在的 Mirabellplatz 大街。

米拉貝爾宮及花園

米拉貝爾宮（Schloss Mirabell）建於 1606 年，相對古城區的眾多建築物，時間較晚。這座美麗的宮殿花園因為《仙樂飄飄處處聞》中的瑪麗亞和孩子們在裡面合唱〈Do-Re-Mi〉之歌而聞名。所以來市中心遊玩的旅客們，第一站大多是此宮殿。

大主教與情婦的宮殿

米拉貝爾宮殿的前身為阿爾特瑙宮（Schloss Altenau），由當時薩爾斯堡區的大主教沃爾夫‧迪特里希‧馮‧萊特瑙（Prince Archbishop Wolf Dietrich von Raitenau）建於 1606 年，

送給他的情婦莎樂美（Salome Alt）。他們生下 15 名子女。此宮名稱是各取兩人名字的部分，結合成「Altenau」一字。

這位公然違抗教規的大主教，觸怒羅馬教廷，遂於 1612 年免去其職位，並將他囚禁在霍亨薩爾斯城堡，直到死去。其後，繼承人將莎樂美及其兒女驅逐出宮，也當然不希望宮殿留下他的名字，故以義大利文「Mirabile 及 Bella」的合體，改稱「Mirabell」，有驚為天人的美麗之意。

花園裡綠樹成蔭、芳草遍地，每一個角落、每一處縫隙，在柔和陽光的映照下，交織出一幕幕美麗的光影。

其後數百年，此宮殿經歷多次擴張改建，還有一場導致嚴重破壞的大火災，今日樣貌及規模是在 18 世紀時才大致確定下來的。至於花園何時正式開放給公眾呢？就在 1854 年，由法蘭茲·約瑟夫一世下令開放，直至今日。

米拉貝爾宮花園因為《仙樂飄飄處處聞》中的瑪麗亞帶著七個孩子在石階上唱歌，並圍繞著噴泉歌舞而聞名。建築師巧妙地將山頂上的霍亨薩爾斯城堡及城中遞次羅列的教堂建築群都納入園中的視野裡。

呈現對稱造型的庭園

　　這座庭園融合了文藝復興式的典雅與巴洛克式的綺麗風格，中央是一大片精美的花卉拼圖，呈現對稱造型。園中各處展示許多雕塑，比如中央噴泉四周有四座象徵天、地、水、火的塑像，南面入口處排列星辰諸神，與西邊的維納斯等神話故事人物的塑像並立。

　　整個布局的最大重點，也最讓人稱讚的地方是「借景手法」，建築師巧妙地將古城區內的教堂建築群與山頂的霍亨薩爾斯城堡層層遞進地納入花園的視野；如此一來，幾何對稱的花園（近景）、教堂建築群（中景）、霍亨薩爾斯城堡（遠景），三個距離的景致便遙相呼應，進而組成一幅擁有世界十大美麗花園之譽的經典畫面。

園中除了噴泉、水池外，還有許多不同的希臘神話雕像，各有各的故事。漫步在花園裡，彷彿感受到音樂的芬芳在空氣中瀰漫著，〈Do-Re-Mi〉歌聲彷彿在耳邊迴盪，如夢似幻，與眼前的宮殿花園相互交錯，亦真亦幻，有如遊歷夢境之感。

飛馬雕像噴泉

　　花園後方的玫瑰山丘（Rose Hill），站在階梯上望向飛馬雕像噴泉（Pegasus），亦可看見城堡的景觀，這裡也是電影中瑪麗亞與孩子邊跳邊唱〈Do-Re-Mi〉的場景。話說，這座飛馬雕像取材於希臘神話，飛馬叫佩加索斯，是從美杜莎的頭顱裡蹦出來的，踏過之處都會湧現泉水。

在莫札特曾經演奏過的地方欣賞音樂演奏

　　走進宮殿內，最吸引目光的是「邱比特之梯」，建於 1723 年。此迴旋階梯上共有 22 個小天使雕像，各個都有不同的可愛逗趣姿態。此階梯通往巴洛克式大理石大廳（Marble Hall）。當年莫札特曾在裡面為主教演奏過，也曾與他的孩子在此共舞過。時至今日，旅客們可以在莫札特曾經演奏過的華麗大廳裡欣賞音樂演奏會，票價大約 40 至 50 歐元，前者是不劃位，後者是劃位，每場約 105 分鐘。

　　穿過花園的西南側，便是莫札特音樂大學（Mozarteum Schwarzstraße）和木偶劇場（Salzburger Marionetten Theater）等，以及很熱門的莫札特故居。接著，我們便走過馬可橋，正式進入古城區。▬

米拉貝爾宮音樂會｜
www.salzburg-palace-concerts.com

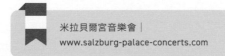

1-2 ｜ 米拉貝爾宮花園融合文藝復興樣式與巴洛克風格，整體呈現對稱造型，並運用借景的手法，呈現遠近交錯的視覺之美。

3 ｜ 取材於希臘神話的飛馬雕像噴泉。

薩爾斯堡未曾被攻破的要塞

薩爾斯堡市中心 Part 2：屹立山巔的霍亨薩爾斯城堡

貫穿市區的薩爾斯河劃分出新古城區，河岸櫛比鱗次的百年建築，是古城發展的起點。層層闢建至山頂上的霍亨薩爾斯城堡，讓薩爾斯堡長久以來維持著濃濃的中世紀古城情調。沿著秀麗的河岸風光，逐步踏進風情萬種的古城區，是在薩爾斯堡最難忘的漫步時光。

糧食胡同的商店滿布精緻的鑄鐵招牌。

進入古城區，我們首先造訪最具代表性的地標——霍亨薩爾斯城堡，灰白色的巨大城堡聳立在山上，是歐洲中世紀最大的城堡之一。無論在新城區或古城區仰頭一望，都會被其矗立山巔的雄偉身姿深深迷倒。

「Festung」是德語的「城堡」，「Hohen」是「高」。我稍微添加一些想像力：「Festung Hohensalzburg」不只在說城堡很高，大概也有「高高在上的薩爾斯城堡」的意思。

大金球上的男人雕像

在古城區內，走過充滿精緻鑄鐵招牌的糧食胡同（著名的購物街），便進入卡比等廣場（KaprtelPlatz），不用多說，此廣場的焦點正是落在一顆巨大的金球上。金球頂端站著一個白衣黑褲的男人雕像，一臉在沉思什麼重要大事的樣子。翻看資料，這座格外醒目的巨型雕塑是德國雕塑家史蒂芬·巴爾肯霍爾（Stephan Balkenhol）在 2007 年完成的作品。

在古城區內要去城堡，幾乎不用地圖，只要一直往地勢高的地方走。沿途一定會經過金球上的男人雕像，是古城區的另一個地標。這位德國雕塑家史蒂芬・巴爾肯霍爾還有另一件作品，就在附近的岩石壁上──一位遙望遠方的少女雕像，可是這少女雕像與金球上的男子雕像沒有遙望著彼此。雖然是同一位藝術家的創作，卻不是類似牛郎和織女可歌可泣的愛情故事。

1 ｜男人雕像的正面。　　**2** ｜卡比等廣場。

從立體模擬影片看千年的城堡發展

城堡始建於 1077 年，就像其他超過數百年甚至千年的古老建築一樣，當然經過不同時代的增修整建，才建成今日的規模。城堡展館中播放了一段立體模擬影片，從最早於 180 年開始，那時只有一、兩家人在山頂上興建小小的房子；然後陸續進入幾個關鍵的年分如 1250 年、1560 年及 1619 年，展示出建築物逐漸擴建的狀態，大概在 1560 年時，規模已經很接近現在我們看到的樣子了。這部短短數分鐘的影片很好看，我看了兩三遍才離開。

從未被攻破的中世紀城堡

城堡盤據山上最佳的位置，擁有易守難攻的優勢。漫長的歷史中，歷經歐洲史上諸多戰役，這座城堡算是從未被攻破。唯一一次身歷險境是在 1525 年，礦工、農民和市民起義圍攻它，卻無法成功奪取；至於拿破崙戰爭期間，這座城堡不戰而降。所以廣義而言，它確實從未被攻破。目前，此城堡已變成人們來到薩爾斯堡的必訪景點，除了可以鳥瞰整個歷史城區之外，城堡的許多地方也變成不同主題的展館供人們參觀。

展館播放的 3D 模擬影片，可見到從 180 年、1560 年及 1619 年的興建轉變。

霍亨薩爾斯城堡是薩爾斯堡的點睛之筆，呈現了完美無缺的城市剪影，被視為中歐地區保存最好的中世紀堡壘之一。旅客們登上城堡，彷彿重返時間隧道，去探索裡面無數神祕的房間。

水力推動的有軌纜車

　　登上城堡的旅客一年四季也很多，城堡是在一百多公尺高的丘陵上，人們可健行上山，應該不算辛苦。不過大部分人都會選擇坐登山纜車，而且使用薩爾斯堡卡可享免費。回看這段有軌登山纜車的歷史，是在 1891 年建好的。從車站內的介紹牌及模型可得知，當時採用水力牽引纜車上下山，由於每輛車搭載的乘客數量不同，使用的水量也不同，每名乘客大約要耗用 80 公升的水。事實上，世界上早期有軌登山鐵路都是採用不同形式的水力來操作。

霍亨薩爾斯城堡主要的功用是軍事用途，保護這座城市長達九百年的時間。從建立到現在，這座城堡從來沒有真正被敵人攻破過，是保存最完整的中世紀城堡之一。

一進城門，近距離觀望高聳厚實的建築與城牆，好像散發著威風凜凜的氣勢。城堡占地相當遼闊，長 250 公尺，寬 150 公尺，不少大主教和君主都曾經住過，所以可以看到金光閃閃的城堡廳堂、主教房、音樂廳、小教堂、小庭院、一幢幢碉堡高塔，亦有囚房，還有近代設立的博物館。尤其是中庭，高高低低的房子交錯，還有其他小教堂和廣場等等，感覺置身在一座小型社區中，真是出乎我意料。

此處的面積和可參觀的空間真的很大、很複雜，最理想的是參加城堡的導覽團，旅客可拿著個人導覽機（包含中文語音導覽），跟隨導覽員的腳步穿梭城堡。我們兩

城堡的中庭，就像一個小鎮的規模。

個倒沒有參加導覽團，但留意到導覽團會去碉堡頂部，都是一些自己錯過沒有去的地方，可是在地圖上好像又找不到……真奇怪。

薩爾斯堡的木偶表演

城堡裡有個木偶博物館，很值得一說。各式各樣的木偶都栩栩如生，有的可愛，有的嚇人。最有名的木偶是《魔笛》和《仙樂飄飄處處聞》的木偶，前者是莫札特所寫出的歌劇，後者不用多說，兩者都在薩爾斯堡變成了舉足輕重的象徵。

事實上，薩爾斯堡的木偶表演是舉世聞名的，在米拉貝爾宮花園附近便有薩爾斯堡木偶劇院。我們一直覺得提線木偶演出的歌劇、輕歌劇、芭蕾舞十分吸引人，覺得一旦進入了這個奇妙的世界，就會不知不覺地全情投入，忘卻台上的人物角色原來都是木偶扮演的。所以我們很想在

《魔笛》的木偶。我們很想觀看木偶的表演，可惜表演場次與行程無法配合。

薩爾斯堡看一場木偶劇場表演，可惜無論是薩爾斯堡木偶劇院或霍亨薩爾斯城堡的場次，都跟行程搭不上。無緣觀看表演的我們，只能夠一邊欣賞手工精緻的木偶，一邊感到惋惜……

城堡的兩個瞭望台

至於眺望城市全景，城堡向北與向南兩面城牆邊各有一座高台，走在其中有一種居高臨下的感覺。一側可以欣賞遠方連綿不絕的雄偉阿爾卑斯山系與寧靜田野風光，另一側可以俯瞰薩爾斯河自新舊城區間蜿蜒而過，還有浪漫古城區櫛比鱗次的教堂尖頂與古樸建築。我們在那兩處靜靜地欣賞好風光，城堡之旅就在瞭望台上寫上句號。（不過就像前文提到的，在此觀看到的全景雖然好看，卻不到一見難忘、讚不絕口的地步。幸好後來在僧侶山現代藝術博物館找到超讚的地點，可遠眺整個薩爾斯堡及城堡背後的環山全景！）▬

城堡瞭望台可觀看到一片寧靜的田野風光。

❶

1 | 僧侶山現代藝術博物館。
2 | 貫通整個城市的薩爾斯河。
3 | 連接新城區與古城區的馬可橋，是
著名的行人橋。橋旁有遊船碼頭，
我們來了一趟黃昏遊船之旅。
4 | 米拉貝爾宮及花園。
5 | 我們入住的酒店，也就是薩爾斯堡
中央火車站的位置。

霍亨薩爾斯城堡 |
www.hohensalzburgcastle.com

205

天才音樂家莫札特的誕生
薩爾斯堡市中心 Part 3：粉絲必去的莫札特出生地與故居

Salzburg

薩爾斯堡市中心與天才音樂家莫札特有關的景點，包括兩座博物館與一座廣場，也就是莫札特故居（Mozart Wohnhaus）、莫札特出生地（Mozart Birthhaus）及莫札特廣場（Mozartplatz）。前者位於新城區，後兩處位於古城區，若從米拉貝爾宮花園啟程，莫札特故居會是第一站。還是要再提醒一次：持有薩爾斯堡卡，兩座博物館10多歐元的門票都可免費。

超過十個旅行團圍繞著的莫札特出生地

莫札特出生地的觀光客特別多，尤其是旅行團的導遊都習慣帶著團友在建築前導覽、拍照，但不會安排入內。我們路過此處的早上，粗略算一下現場，便有超過十個旅行團圍繞著，場面相當擁擠。我們選擇下午5點多才回來參觀，館內遊客仍然很多，但外面卻沒有旅行團了。

著名的奧地利作曲家沃夫岡·莫札特，是家中七子，其父親是薩爾斯堡具有很高地位的宮廷樂師。莫札特出生地博物館位於古城區的糧食胡同9號，莫札特一家在1747

年至1773年期間，住在這座建築的三樓，包括客廳、廚房、儲藏間、一間臥室與一間書房。而莫札特則於1756年1月27日在這棟房子裡出生。

1762年至1773年，莫札特家在歐洲各地旅行，然後於1773年回到薩爾斯堡。莫札特家從1773年至1787年都居住在薩爾斯堡市場廣場8號，那裡就是另一家博物館——莫札特故居。

無論是否為莫札特粉絲，經過莫札特出生地大概都會在門前拍個兩張。進去參觀則不能拍照，博物館裡有APP導覽可以下載，而且是貼心的中文，參觀無障礙。

1944 年，莫札特出生地這棟房子在二次大戰的一場轟炸中，被摧毀得只剩下一小部分，後來屋主同意出售並改建房子。莫札特基金會分別在 1955 年和 1989 年進行兩次收購，才把整棟房子買下來，並於 1994 年拆除，按照原樣重建復原，並於 1996 年舉行了重修後的落成典禮，從此開放給大眾參觀。

所以，旅客們眼前這座黃色的老舊房子雖是重建，卻如實反映出我們主角的居住環境，讓大家重回莫札特的童年時代，探索他在 18 世紀的日常用品和家具。不過這裡關於莫札特的童年時代，主要是他和家人的生活情況，展品及內容的豐富度自然比不上故居，但它依然是奧地利參觀人數最多的博物館之一。博物館內禁止攝影，旅客可使用中文語音的導覽機進行參觀，參觀時間大約一小時。

保持中世紀氛圍的糧食胡同

剛才提及的糧食胡同（Getreidegasse），其實是薩爾斯堡最有名的歷史街區，滿布中古街道及綠蔭蒼翠的幽靜庭院，高檔名牌商店比比皆是，亦有不少音樂及街頭表演者在此賣藝，熱鬧非常。漫步在那些充滿精緻的鑄鐵招牌街道上，即使是麥當勞招牌也非常有氣質。只能說眼睛好忙，一會兒要看鑄鐵招牌，一會兒要快速瀏覽店家的商品陳設（方便稍後回來血拚一下），更要不時抬頭瞧瞧建築物獨

糧食胡同的高窄房屋，是薩爾斯堡中古建築的一大特色。精細打造的鑄鐵招牌及商店窗戶保留著中世紀風貌，即使不是歷史建築愛好者，也都會看得目不轉睛。

特的壁面圖案。

此大街與其他古城區景點都相距不遠，除了莫札特出生地博物館，附近還有薩爾斯堡主教宮殿及薩爾斯堡主教座堂。走至胡同東端，旅客還可搭乘僧侶山電梯登上現代藝術博物館去看城市全景。

館藏豐富的莫札特故居

接著便要參觀莫札特故居，我們看得十分投入與滿足，直至閉館才離開。

　　莫札特是以 14 歲的年紀被任命為宮廷樂師,然後在 1773 年的秋天,17 歲的他隨家人搬到此處。在這幢樓裡,莫札特創作了大量作品,其中包括許多著名的交響曲、小夜曲、鋼琴、小提琴奏鳴曲以及多部歌劇。1781 年,他向當時的薩爾斯堡主教提出辭呈,遷居維也納,從而打開維也納古典音樂的大門,直到 1791 年 12 月 5 日逝世。1917 年,為了紀念他,這裡被規劃為莫札特故居博物館,館內陳列著莫札特生前使用過的小提琴、木琴和鋼琴、親筆寫的樂譜、書信,以及親自設計的舞台劇藍圖等。館內如今還珍藏著莫札特的一綹金色頭髮。

　　參觀莫札特出生地的旅客特別多,但如果只能去一處的話,以展品豐富度與展示形式的多元化來看,莫札特故居會是我的首選,因為館內展示了莫札特彈過的鋼琴、管風琴等樂器,以及一些他生前的文物,都能幫助旅客深入了解莫札特。此館同樣禁止攝影,旅客可以使用中文語音的導覽機進行參觀,參觀時間大約一個半小時。

莫札特出生地及故居｜www.mozarteum.at
薩爾斯堡莫札特音樂大學｜www.moz.ac.at
莫札特晚餐音樂會｜www.mozart-dinner-concert-salzburg.at
霍亨薩爾斯城堡晚餐音樂會｜www.salzburghighlights.at
米拉貝爾宮音樂會｜www.salzburg-palace-concerts.com
薩爾斯堡莫札特管弦樂團｜www.mozarteumorchester.at

有些人沒去參觀故居，以為展覽內容與出生地相似，但故居的展覽內容更豐富，同樣有中文語音導覽。

1842 年落成的莫札特廣場

最後要提同樣位於古城區內的莫札特廣場。廣場中央矗立的莫札特雕像，在他去世後的五十年、即 1842 年落成，其兩名兒子也有出席開幕典禮，從此成為當地的熱門景點之一。順帶一提，旅客中心就在此廣場一角。

莫札特系列音樂會

關於莫札特作品系列的演奏會可謂五花八門，我推薦幾個較為熱門，且在旅客中心都可以買到門票的場次，包括：聖彼得酒窖餐廳（St. Peter Stiftskeller）的莫札特晚餐音樂會（Mozart Dinner Concert）、霍亨薩爾斯城堡晚餐音

樂會（Dinner & Festungskonzert），以及米拉貝爾宮音樂會（SchlossKonzerte Mirabell），這幾個都是中型的演奏場地，可容納數十人至一百人不等。

位於新城區的薩爾斯堡莫札特音樂大學（Mozarteum），是一個正式的大型演奏場地，令我聯想起維也納的金色大廳，人們若期盼來薩爾斯堡能欣賞到一場正式的大型演奏會，非此處莫屬。當地非常知名的管弦樂團，包括：薩爾斯堡莫札特管弦樂團（Mozarteumorchester Salzburg）、薩爾斯堡愛樂樂團（Philharmonie Salzburg），及薩爾斯堡室內樂團（Camerata Salzburg），不妨留意到訪期間可遇上哪個樂團的公開表演，相信會是旅程中難忘的音樂體驗。═

莫札特廣場中央，自然是我們主角的雕像，其子當年也有出席落成典禮。

回到政教合一的久遠年代

薩爾斯堡市中心 Part 4：華麗的薩爾斯堡主教宮殿與主教座堂

薩爾斯堡古城區內，堪稱同時擁有宗教、歷史及政治等重要價值的建築物，非薩爾斯堡主教宮殿（Salzburg Residenz）莫屬。它連同主教宮廣場（Residenzplatz）、薩爾斯堡主教座堂（Dom zu Salzburg）與教堂廣場（Domplatz），組成了一個龐大雄偉的建築群。

在那個政教合一的久遠年代，主教實際上是權力最高的人，而他居住於薩爾斯堡主教宮殿內，便是整座城市最富麗堂皇的地方。

富麗堂皇的主教宮殿

自中世紀以來，薩爾斯堡以其重要的地位而設有總主教。神聖羅馬帝國時期，更成為采邑主教（Prince-bishop），擁有封地、兼領世俗政務的神職人員。薩爾斯堡主教宮殿原址的第一代建築物建於 1120 年，直到 1232 年，大主教康拉德一世（Konrad）才將這座建築正式列作主教官邸，並命名為「主教宮殿」。目前所見的巴洛克式建築就是新主教宮（Neue Residenz），為采邑主教沃爾夫·迪特里希於 16 世紀末下令建成。1944 年，該建築因戰火而遭受破壞，僅存外牆，幸好戰後得以重建。以該地的歷任大主教來看，沃爾夫主教堪稱最富傳奇色彩，還記得米拉貝爾宮及花園嗎？就是他為情婦而興建的。

前方是廣場中央的噴泉，採用大理石製成，是中世紀最大的巴洛克雕像噴泉。駿馬、海豚及擎天神阿特拉斯雕塑的雕功精湛，設計別出心裁，是義大利藝術家的作品。電影《仙樂飄飄處處聞》也曾在此取景。噴泉後方是宮殿入口。

哈連鹽礦與薩爾斯堡的關係

　　一直提及薩爾斯堡以鹽致富，到底鹽從哪裡來的呢？旅程的下一個住宿據點是哈修塔特，同屬於薩爾斯堡邦，就在薩市南方十多公里，位於半山腰的哈連鹽礦（Hallein Salt Mine）已成為著名的景點，周邊的景色也十分秀麗。此鹽礦開發甚早，大約 2,500 年前凱爾特人（Celts）曾活躍在那一片土地上。鹽在中古世紀是重要的民生必需品，甚至被稱為「白色黃金」（White Gold）。

主教宮廣場的全景，是一座面積遼闊的公共廣場，建於 16 世紀末。
當年為了興建此廣場，不少私人房屋被拆除。

哈連鹽礦成為搖錢樹，最重要的是讓薩爾斯堡富強起來，尤其在沃爾夫擔任大主教的二十五年之間。當時他是此區的首富，引進義大利建築風格大興土木，古城區裡許多現在已被列入世界遺產的華麗巴洛克式建築，包括主教座堂、主教宮殿及其各自附屬的廣場，還有米拉貝爾宮及花園等等，都是那時的建築，因而塑造出現今的薩爾斯堡。

展開主教宮殿之行

說回主教宮殿，現今已成為薩爾斯堡的文化及歷史匯聚的精華地，統稱為「DomQuartier Salzburg」，大致分為「State Rooms of the Residence」、「Residenzgalerie Salzburg」、「Cathedral Museum」和「St. Peter's Museum」四個區域。使用薩爾斯堡卡可免費入內參觀，也跟其他博物館一樣，都可以用中文的語音導覽服務，預留至少兩個小時慢慢欣賞比較好。

參觀的重點是主教宮殿的華麗房間、大廳，亦可順道參觀薩爾斯堡主教座堂二樓，可從較高的角度觀看教堂內部。至於進入主教座堂的方式，多數人會從教堂正門而入，不需要門票，歡迎遊人自由捐獻，但要注意二樓大部分區域不開放。

整個宮殿可參觀的空間十分大，我們邊依著指示邊聆聽語音介紹參觀。官方規劃一條由新主教宮開始的單向路線，資料上顯示約有 180 間房間，數量驚人。最受矚目的是「寶座房間」（Throne Room）、「深邃大廳」（Carabinieri Hall）及「聽政大廳」（Audience Hall），都氣派十足。

主教宮殿也有音樂搖籃的美譽，歷代大主教都會邀請音樂家在「議事大廳」（Conference Hall）進行演奏，最令人津津樂道的自然是 1762 年，當時只有六歲的莫札特，首次演出就在此處。另外，很值得一提的是，三樓是主教宮殿畫廊，展出 16 至 19 世紀的歐洲名畫，欣賞焦點是林布蘭的《禱告的母親》（Rembrandt's Mother Praying）。

二度參觀的小插曲

期間發生了一個小插曲。當我們逛了半小時後，竟然回到了起點，在入口處查票的工作人員望著我們，一臉奇怪地詢問：「你們已經參觀完全部了嗎？」我們倆對望和苦笑了一下，工作人員判斷我們應該是迷路了，便馬上領著我們走捷徑，前往某個我們沒有看過的展區重新開始，並親切地叮囑我們不要錯過，因為宮殿真的有很多珍寶可看。於是乎，我們重新參觀，才發現上面提及的那條可進入主教座堂內的通道，並且可在二樓露天平台上觀賞到整個主教宮廣場上一流的景色。話說過來，這還是我們第一次在博物館內走錯路啊！ ▬

薩爾斯堡主教座堂，是天主教在奧地利的兩個總教區之一，可以說是在薩爾斯堡及周邊地區最大、也最重要的教堂。教堂本身早在 8 世紀便存在，矗立千年後，於 17 世紀重建才成就今貌。在此受洗的歷史人物中，最有名的應屬莫札特，當年的領洗池今日猶在。

1 | 參觀主教宮殿時會途經露天平台，可眺望整個主教宮廣場。
2 | 旅客可在露天平台的咖啡座一邊享用咖啡，一邊坐下來愜意地觀看美景。
3 | 走過露天平台便進入薩爾斯堡主教座堂的二樓，可欣賞到宏偉華麗的教堂內部。

薩爾斯堡主教宮殿 | www.salzburg-burgen.at
薩爾斯堡主教座堂 | www.salzburger-dom.at

215

走過迢迢山路深入世界最大的自然冰洞

體驗艾斯瑞威爾特冰洞的奇幻魔境

盛 夏季節，洞外是一片高溫的豔陽天。然而，在踏進世界最大的自然冰洞之前，我們已經充分感受到冰洞的寒意威力，現場不少人已經冷到可以「吞雲吐霧」了！

木門一打開，瞬間風速大增

世界上存在著無數的冰洞，但是薩爾斯堡附近的艾斯瑞威爾特冰洞（Eisriesenwelt Werfen）卻是世界最大的冰洞。進入冰洞後會產生很奇特的感覺，彷彿不在地球一般，即使到了炎熱的夏季，這個冰洞的溫度依然保持在攝氏零度。此冰洞無法自行進入，只因洞口採用封閉式，每次進出都必須由工作人員打開厚重的木門。這時木門正好慢慢地打開，一陣超強的冷風迎面而來，大家就像被強勁的冷氣團直接打中一樣。接下來，我們便開始深入冰洞，展開一個半小時的探險。

維爾芬第一個景點：高維爾芬堡

艾斯瑞威爾特冰洞所在的維爾芬（Werfen）是一座小村鎮，位於薩市南方約四十公里處；前往此鎮很方便，在薩爾斯堡中央火車站搭上地方線火車沿著薩爾斯河前進，約四十分鐘便會抵達小小的維爾芬火車站。

此村人口三千多人，完全是寧靜的山村風貌，卻有兩個著名的旅遊景點。第一個景點是在火車站便可眺望到的高維爾芬堡（Hohenwerfen Fortress）。這座中世紀城堡是一座標誌性的山頂城堡，曾被用作許多電影的背景，其規模不遜於薩市的霍亨薩爾斯城堡。它從一千年前便開始在山谷懸崖上出現，彷如空中堡壘，占據重要的戰略地位。

1 ｜ 維爾芬火車站，背後的山區就是冰洞的所在地。
2 ｜ 每天有四班冰洞接駁車在此火車站開出。

艾斯瑞威爾特冰洞是一個彷彿巨大地下迷宮的冰洞，延伸超過 42 公里。在外面看起來像是普通的洞口，但一走進洞內，絕對是來到了另一個世界，完全是電影或 Discovery 頻道才會出現的世界奇觀震撼畫面。目前探險家最深只走到十公里左右，而我們今天只會來到一公里的地方，可想而知這個洞大得多驚人啊！

罕見的放鷹表演

　　我站在山腳的火車站望過去，讚嘆著這座空中堡壘何其壯觀。在前往冰洞的接駁車上，隨著車子不斷向上爬升，我們從仰望、平視到俯瞰，從側面、正面一路看到下面，城堡整體的景致都大為不同。往昔城堡一度成為監獄，目前它成為熱門景點，除了有令人毛骨悚然的酷刑室，也有美麗景色的鐘樓，但最有名的，要數放鷹表演。

　　放鷹表演在 3 月底至 11 月初每天有兩場，而旺季的 7 月中至 8 月中每天更會有三場。這真是個罕見又充滿速度感的表演，我們很感興趣。城堡又俗稱「鷹堡」，本身有一群專業的獵鷹人員，每一位都通過獵人和獵鷹執照考試，負責照顧及訓練獵鷹。不少旅客會先去冰洞再去城堡，不過冰洞需時至少四到五小時，所以必須安排一大清早出發。

占地 42 公里之大的冰洞

　　邁入正題。世界最大的艾斯瑞威爾特冰洞，其名「Eisriesenwelt」是德文，「eis」是「冰」，「riesen」是「巨大的」，「welt」是「世界」。它是目前世界最廣大的自然冰

洞系統，向山的內部延伸超過 42 公里。想像一下，在高山裡面竟然有 42 公里長的洞穴，而且探索還在進行中，說不定其實是 52 公里、62 公里、72 公里……

　　補充一提，冰洞導覽團是夏天期間限定的，因為冰洞只在 5 月初至 10 月底對外開放；而且冰洞內低於零度，整個活動大約一個半小時，務必要攜帶禦寒衣物。

高維爾芬堡把守峽谷的至高點，易守難攻。
但在雲霧環繞的山景中，又顯得十分夢幻。

冰洞被人發現的歷史

此冰洞從 19 世紀末開始被少數的獵人和盜獵者發現，直到 1879 年才有來自薩爾斯堡的自然探險家安東‧波塞爾特（Anton Posselt）進入黑暗的洞穴大約兩百公尺，冰洞自此正式面世。

1920 年，冰洞附近的小木屋建成後，第一條簡單的登山路線以及可進入的洞窟內部也被建立起來。隔年因觀光客增加而有了更大眾化的路線，比如洞穴結冰的部分，人們都可以在簡單的木板上走動。1955 年纜車終於興建完成，可以在幾分鐘內穿過最陡峭的部分（從 1,084 公尺到 1,586 公尺），使得登上洞口的時間大幅縮短。

關於前往冰洞的方法，自助遊客可在維爾芬火車站搭乘冰洞的接駁車，每天共有四班：早上 8 點 18 分、10 點 18 分，及午後 12 點 18 分和 2 點 18 分。如果打算下午去高維爾芬堡，便要搭乘第一班，否則時間一定不夠。而我們選搭的是第二班車。巴士緩緩爬上山，叢山峻嶺間，只見高維爾芬堡坐鎮峽谷的至高點，更顯出其易守難攻的險要地勢。

冰洞旅遊服務中心

巴士順著蜿蜒的山路行駛約二十分鐘後，我們來到海拔約一千公尺的冰洞旅遊服務中心。不要以為購票入閘後便可輕鬆直接進入冰洞，仔細閱讀一下前往冰洞的說明牌，便知山路迢迢的道理——每位旅客們都須先來段登山的朝聖行，兩段路總共需時一小時左右，最後才可體會天然冰庫的刺激。

第一階段登山路程，官方指出需時約二十至三十分鐘，這段山路的路況良好，走起來舒適愜意。走了一會兒，會遇上分岔路，一邊是直線的山洞隧道（即是捷徑），一邊是曲折的山路。如果想觀看不一樣的風景，建議去程是山

1 ｜ 解說牌提醒我們，前往冰洞至少需時一個小時的步行路程。
2 ｜ 在冰洞旅客中心內排隊的人龍。
3 ｜ 冰洞的門票，含搭乘來回的纜車。

1 │ 走完第一段山路後，登上登山纜車，可以大大縮減時間和爬山的辛苦。　　**2** │ 下了纜車後，還要再走一段二十分鐘的有蓋明棧道。　　**3** │ 終於抵達冰洞洞口。

第二段路是沒間斷的上坡路，烈陽下行走，人人汗流雨下。後段是沿著山勢修築的有蓋明棧道。
我邊走邊想，數十年前修建明棧道的工人是克服多少艱苦才完成的呢？

洞穴道，下山才走外圍山路。山洞穴道的內部開挖得很完備，重點是十分涼快。

出了隧道不久，即可抵達海拔 1,080 公尺的纜車站，將原本一個半小時的山路縮減到三分鐘。隨著纜車愈來愈高，山腳下的房子早已像被哆啦 A 夢的縮小燈照射過一樣，只剩花生米大小。

跟隨導覽團的腳步進入冰洞

下了纜車後，再走一段二十分鐘的有蓋明棧道，便會看見偌大的冰洞入口近在眼前。洞穴入口位於海拔 1,642 公尺處，旅客無法自己進出冰洞，必須跟隨導覽員。現場設有英語及德語的導覽團，每名導覽員帶著三十至四十人。入洞前，大家一邊聽著導覽員的講解，一邊紛紛穿上自備的禦寒保暖衣物，而每兩至三位團友會分到一盞提燈，而不是手電筒，目的是避免光源影響洞內的溫度。不用說，洞內也禁止拍攝或錄影。

不大的洞口採用封閉式，每次打開那道厚重的木門，都會馬上形成一陣超強的冷風，引起不少人嘩嘩地叫著：「多麼強勁的冷風！」導覽員解說：「這是由於洞內跟洞外的溫差很大，因此打開門的那一瞬間，會因空氣對流而產生強大的冷風，且風速瞬間增強。不過洞內一點冷風也沒有，請大家放心。」

1 ｜導覽團大約三、四十人，由一名導覽員帶領，分為英語及德語團。
2 ｜大家都早有準備，穿上自己的防寒衣物。注意，現場沒有租借防寒衣物的服務。
3 ｜我們帶著提燈準備出發。
4 ｜洞口的木門一打開，必定吹出強風。洞內完全不可拍攝或攝影。

許多未被世人窺看到的神祕面貌

　　導覽員形容，艾斯瑞威爾特冰洞彷彿是一座巨大的洞穴迷宮，總長度超過四十公里，探險家最深也只深入到十公里左右，所以還有許多未被世人窺看到的神祕面貌。目前只開放遊客參觀最前段的一公里範圍，這段共覆蓋了三萬立方公尺冰層的景觀，有的地方超過二十公尺的厚度。冰洞內修築了木造階梯棧道引導參觀，來回共需走上 1,400 多階，其間有不少段是上行路。不用說，在陡峭、滑溜又冰冷黑暗的冰洞裡打造高低起伏的階梯，比起不久之前在外面行走的有蓋明棧道，洞內的工程更是一般旅客難以想像的艱鉅工程，讓人深深敬佩當初建造這階梯的工作人員，我們才有機會欣賞到大自然鬼斧神工的奇蹟。

形成洞穴的原因：石灰岩與水

　　說回冰洞本身。艾斯瑞威爾特冰洞位於阿爾卑斯山中，是由岩體拱起形成的。冰洞本身是一個石灰岩洞穴，根據研究，洞穴內的第一條裂縫是在大約一億年前開始慢慢形成的。水溶性的石灰岩扮演重要的角色，當它與富含有機物質的雨水接觸時，石灰岩便會分解並溶解，因而在山體內形成空心空間。再加上幾百萬年前，該地區屬亞熱帶氣候，因此溶解度遠遠高於現在。此外，水的侵蝕性也起了關鍵作用。岩石的空心空間，隨著時間的推移變得更大，

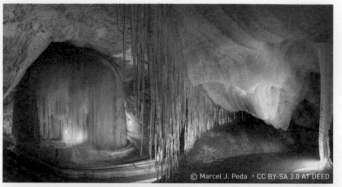

艾斯瑞威爾特冰洞內充滿各式各樣的巨大冰塊，如湧泉，也如海浪，讓我們見識到大自然造物的神祕力量。

因而為雨水提供了通道。流通的水愈多，流動的速度也愈大，對岩石的侵蝕也進一步加劇，千年來的累積，終於在山體內造成長達 42 公里的驚人空間。

形成冰洞的原因：來自阿爾卑斯山的雪水

　　無論是阿爾卑斯山或其他山脈，都有數之不盡的洞穴，卻只有極少數能夠成為冰洞，只因必須具備兩個元素：水及寒冷的氣溫，而且結冰時機是春夏兩季，而不是冬季。

　　第一，此洞的特點是「洞口低、洞內高」，冬季的負二十度空氣從位置較低的洞口進入，並在空心的空間內由下而上地流通，這是所謂的煙囪效應（Chimney Effect）。第二，冬季時，山頂被大量的雪覆蓋，洞內的負二十度空氣因而被「鎖住」了，僅少量空氣可以從間隙溢出。第三，剛才已說過，艾斯瑞威爾特冰洞本身是一個石灰岩洞，特點是其構造有許多大大小小的間隙，使得洞外的水得以滲入。就在春、夏兩季，氣溫雖然回升，洞內始終低於零度，從石灰岩間隙滲入的春季融雪、夏季雨水大部分都會結冰。如此這般，經年累月，各種冰柱、冰層一點一點地形成，變成了今天所見世界最大的冰洞。

　　總之，冬季時山脈必須充分被雪覆蓋，使空氣留在洞內，而夏季溫度也必須夠高，使雪融化，雪水與雨水最終才能在洞內結冰。一年四季中大概只有秋季，洞內才偶爾略高於零度，那時候雨量也相對較少，結冰因而略為減少。

　　一年一循環，冰洞的冰會融化又凝結，所以冰的外觀與大小也會出現變化。不過導覽員笑說，大概只有多年來在洞內進行研究的人員才會觀察到冰塊的消長。

艾斯瑞威爾特冰洞內的冰體結晶來自阿爾卑斯山冬季的雪水。

不過受全球暖化的影響，山頂溫度持續升高，雪融化的時間愈久，水愈早滲進洞中，冰也就形成得愈多。所以艾斯瑞威爾特冰洞在過去的數十年裡，反而增長得很明顯。

展開新一段未知的冰洞旅程

約一個半小時的冰洞探索之旅，強烈感覺到自己像是身處在無限大的冰箱一樣。親眼見識到數十公尺高的巨大冰塊，更令人嘆為觀止。

冰洞中有不同形狀的冰塊，有些活像抽象藝術的冰雕般，有些彷彿是只能在外太空電影場景中看到的冰橋、冰牆和冰塔，充斥各種千奇百怪的外形，且通通在提燈的燈光照射下閃閃發亮，迷倒眾人。

時至今日，研究人員在四十多公里的冰洞裡，實際上只行走了十公里，不到一半的範圍，而一般旅客就更少了，只走了一公里。這次的冰洞之行給我們留下深刻的印象，也不禁期盼冰洞旅客中心哪一天會在官網上分享好消息，宣告我們又可以多深入兩公里、三公里、四公里……屆時我們兩個必定再度到訪，展開新一段未知的冰洞旅程！

艾斯瑞威爾特冰洞 | www.eisriesenwelt.at

CHAPTER

哈修塔特
Hallstatt

5

旅人無不讚嘆的唯美湖畔小鎮
宛如童話仙境的哈修塔特鎮

Hallstatt

位於奧地利中部的哈修塔特（Hallstatt，又稱「哈爾施塔特」），一幢幢繽紛小屋矗立在湖畔與山林間，構成唯美的圖畫，再加上被納入世界文化遺產的光環（注意，是文化遺產，而不是自然遺產），難怪被許多旅遊書形容為「明信片最佳拍攝點」或「一生必去的最美湖畔小鎮」。

童話小鎮淪陷了

成為熱門旅遊景點後，哈修塔特每年吸引逾百萬遊客到訪，光是到訪小鎮的旅遊巴士便增至兩萬輛。到訪高峰期是夏季，還有不少人只為拍照打卡，在小鎮往往只停留一兩個小時。大概早上 10 點後，滿滿人潮擠滿整個小鎮。

小鎮只有一條主要大街，觀光客的喧鬧嚴重地影響到當地居民的生活，有些人甚至擅自進入當地人的住所範圍觀賞與拍照，而人家其實早已在門前掛著提示牌子，並用不同國家語言寫著「這處是私人範圍，不可擅進」等等字句……

因此數年前開始，當局決定限制旅遊巴士的數量及旅客停留的時間，以維持小鎮本來的面貌和氛圍。

「哈修塔特不是博物館，請多關照當地居民的生活……」造訪當地的旅客，還是要注意一下自身行為，避免造成困擾。

1 ｜ 我們在薩爾斯堡搭火車抵達 Hallstatt Banhhof，下車走一段小路便到達渡輪碼頭。大家的步速很快，要趕快排隊上船。

2 ｜ 想在船上拍照的話，第一不要坐在室內，第二要選擇站在船邊的位置，便可以無阻礙地拍照。

3 ｜ 船程只有短短數分鐘，大家都把握時間瘋狂拍照。而我們在有利位置拍到取景不錯的照片。成果請見後頁。

位於奧地利的上奧地利邦、薩爾斯堡東南方約八十公里的
哈修塔特，緊鄰哈修塔特湖，以湖光山色聞名於世，被很
多旅人列為奧地利必去的小鎮，遠道而來就是為了一睹詩
情畫意的湖邊風光。事實上，此地方最重要的文化遺跡是
哈修塔特鹽礦，這也是我們來訪的重要目的。

一幢幢繽紛小屋矗立在山間，構成一幅美麗的圖畫。

在渡輪上遙望到整個小鎮及山谷的景色。

建議起碼住宿一個晚上

據說有些人會從維也納當日來回哈修塔特，不用說，這肯定是走馬看花，就連由薩爾斯堡當日來回，很多人也會覺得較為匆忙，所以強烈建議起碼住宿一個晚上。除了可規劃哈修塔特周邊的兩大景點旅程——哈修塔特鹽礦與達赫斯坦－克里朋斯坦；更重要的是，可在人潮散退後的黃昏或清晨，在寧靜的湖畔愜意散步，靜靜欣賞湖光山色，細細品味傳說中的童話小鎮。

歐洲最古老的鹽礦

事實上，哈修塔特最重要的文化遺跡，是名列世界文化遺產的哈修塔特鹽礦。哈修塔特過去因鹽致富，所以地名裡的「Hall」可能源自於古凱爾特語的「鹽」。至於哈修塔特鹽礦的參觀與體驗，我們在第一天會安排前往，整個過程真的很有趣，為我們留下相當深刻的回憶。

哈修塔特湖畔一景。

雖然這座湖畔小鎮不大，卻很推薦在這裡過夜。小鎮景色會因光線不同而有變化，像中午抵達時，拍起來的光線就顯得較亮，而在清晨時拍攝的照片卻是最剛好的美。所以，選擇住上幾天，放慢節奏深入探索和欣賞，並一併遊覽周邊的景點，絕對是正確的決定。

小鎮上的木造房屋依山傍水而立，其中路德教堂的
哥德式尖頂最為突出，是小鎮上無可取代的地標。

前往童話小鎮的交通方法

首先要指出，鎮內並沒有火車站，最靠近的兩個火車站，分別是 Hallstatt Banhhof 與 Obrrtraun Banhhof。兩者有何分別？前者需要搭配渡輪，後者則搭配巴士，才能真正抵達小鎮之內。通常比較多人選擇前者。

我們搭上火車離開薩爾斯堡，換車一次，約兩個多小時，抵達 Hallstatt Banhhof。下車走一段小路，便來到渡輪碼頭，站在碼頭已能遠眺到目的地。渡輪時間基本上配合火車班次，沒多久便可上船，整趟渡輪不過短短幾分鐘。在渡輪上，旅客雖然很多，但我們很幸運，取得比較有利的角度觀賞。蔚藍的天色下，湖畔小鎮看起來特別美麗，且在小船啟航時，大家肯定一眼就從擁有哥德式尖塔的路德教堂認出了小鎮的位置，也因為它，而使得這如夢似幻的美景是如此真實。

搭這趟渡輪，要買單程票還是來回票？我們選擇單程票，因為住宿地方距離鎮內的公車總站只有數分鐘路程，稱為 Hallstatt Lahn 站；所以離開時我們選擇公車，車程十五分鐘左右，可在 Obrrtraun Banhhof 坐上火車前往下一站。選擇不同的火車站，如此便可看到不一樣的風景。

火車以外，還有另一個方式，是由薩爾斯堡火車站前的車站搭巴士，在 Hallstatt Lahn 站下車。雖然可直接來到小鎮核心，但比較麻煩，也浪費較多的交通時間。

兩座碼頭的位置

小鎮只有兩座碼頭，在 Hallstatt Banhhof 旁邊搭上的渡輪，是抵達名為「ATO Hallstatt Markt」的碼頭，靠近小鎮地標的路德教堂和中央廣場。另一個 Hallstatt Lahn 位於小鎮另一邊，也是巴士總站，旅客中心與鎮上唯一的超市也在這處，是小鎮的交通樞紐，既有碼頭，也有巴士總站。

1 ｜ 搭乘渡輪在 Markt 碼頭下船。
2 ｜ Markt 碼頭旁是路德教堂。
3 ｜ 小鎮的中央廣場，白天時人流特別多。拍攝此圖是清晨，只見一對亞洲男女在拍攝婚紗照，相信效果一定很美。

經典明信片的拍攝地點

　　想像著小鎮的整個構圖，如果缺少這座尖尖的教堂，取景一定大為失色。要說到拍攝最經典的哈修塔特明信片，必定要包含這座小鎮地標的教堂。在小鎮稍微偏北的地方，就有個位置能拍攝到哈修塔特鎮上建築的完整風貌，包括地標教堂與層層疊疊在山坡上的老房子。

　　這個拍攝點能將地標建築全部輕鬆入鏡，距離碼頭只有三百公尺左右，路程輕鬆，步行相當容易抵達，連 Google Map 都有標明「明信片角度」。基本上沿路有不少旅客，都為著同一個目的，不到十分鐘便會見到一處聚集不少旅客的地方，即是傳說中的「打卡點」。放眼望去，一棟棟色彩繽紛的木造屋與地標教堂比鄰相依，各有風格與美感，無分軒輊。我們二話不說加入行列，跟其他人一樣，喜悅而專注地不斷按快門！

充滿死亡氣息的人骨教堂

　　順帶一提，由於土地供應的問題，哈修塔特的墓地狹小，每十年便要把之前的屍骨挖出，為新的死者騰出空間。這裡的聖母升天教區教堂陳列著這些頭骨，上面還標有該人的姓名、職業和死亡日期。這座充滿死亡特色的教堂，在前往打卡點時會遇見。

哈修塔特鎮成為全世界旅人眼中的夢幻景點，加上一排排臨湖而建的小木屋，在陽光的照耀下倒映在湖面上，春夏秋冬都有夢幻景致。

住宿地點很接近鹽洞纜車站

我們入住的 Fenix Hall Hallstatt 位於公車總站附近，小鎮唯一的超市也在這裡。從公車總站開始行走數分鐘便可抵達，那一帶相對寧靜。這家的好處是，無論要前往鹽洞纜車站，還是搭公車去達赫斯坦山脈纜車站，都很方便。

說回這家家庭式經營的酒店，住過亞洲的老闆娘熱情健談，入住時會把小鎮的情況和推薦餐廳告訴客人。房間整潔、舒適，設施齊全。不過沒有電梯，住二、三樓需自己搬運行李。那天，我們於中午前順利抵達，放下行李後，便很輕鬆走到鹽洞纜車站，展開第一天刺激又有趣的旅程。

1 | Hallstatt Lahn 碼頭的船，主要是繞湖一周的觀光船。　　2 | 全鎮唯一的超市，就在 Hallstatt Lahn。
3 | 圖右就是旅客中心，亦在 Hallstatt Lahn。　　4 | 除了觀光船，也有小遊船供旅客租借遊湖，我們很想借，可惜十分熱門，無法租到。
5 | 我們住宿的地方非常舒適，老闆娘幽默友善，介紹了鎮內比較好吃的餐廳給我們。　　6 | 全鎮最熱門的拍照打卡點，許多照片都在這裡拍下。

不少留宿的旅客甚至會在不同的時段，特地跑到經典明信片的拍攝地點拍照。在不同的陽光下，小鎮展現出不同的魅力。我們很幸運遇上好天色。

擁有湖景的兩家歷史酒店

　　小鎮有兩家歷史悠久的酒店，渡輪碼頭旁邊便有一家 Heritage Hotel Hallstatt，另一家是 Seehotel Grüner Baum，就在中央廣場。它們實際上位於路德教堂左右兩側，一樣是擁有無敵湖景的景觀飯店，也在碼頭不遠處。前者我們曾經考慮入住，可惜其擁有湖景的雙人套房，在出發前的兩個多月就已經訂不到了。

鱒魚料理貴過羊排

　　話說哈修塔特湖的水質乾淨，而以盛產鱒魚聞名，如此一來不少餐廳都以鱒魚料理為賣點，收費水平與牛排或羊排沒有分別，甚至超過。在湖邊當然希望吃魚，我們在兩家餐廳均吃過鱒魚料理。雖然沒有入住 Heritage Hotel Hallstatt，但我們也有在其餐廳享用晚餐，另外也在 Gasthof Zauner 的餐廳（本身也是一家歷史悠久的旅館，就在中央廣場的一角）吃了另一道鱒魚料理。前者的一道鱒魚料理大約 20 多歐元；後者則 30 多歐元起跳，食客可挑選 300 克至 500 克的鱒魚。此餐廳強調的是 Local Fish，賣點是在哈修塔特湖捕獲的鱒魚。

　　海鮮愈新鮮，烹調愈簡單，原味呈現就是最佳的享用方式。所以上述兩家餐廳都是烤鱒魚，廚師整條拿去烤，簡單的火烤最能展現鱒魚鮮甜細嫩的肉質，吃的時候擠上檸檬汁，然後沾鹽巴就相當美味了。最後一提，餐桌上的食用鹽，當然都是本地出產的，完美的配搭！▪

1-2 │ Heritage Hotel Hallstatt 附設的餐廳及其供應的鱒魚料理。　　**3-4** │ Gasthof Zauner 餐廳及標榜來自哈修塔特湖的鱒魚。

渡輪碼頭旁邊的 Heritage Hotel Hallstatt，雖然我們無緣入住其湖景套房，但在其餐廳也享用了一道美味的鱒魚料理。

哈修塔特旅遊局 ｜ www.hallstatt.net
Heritage Hotel Hallstatt ｜ www.hotel-hallstatt.com
Seehotel Grüner Baum ｜ www.gruenerbaum.cc
Gasthof Zauner ｜ www.seewirt-zauner.at

在鹽晶世界滑下歐洲最長的木製滑梯

哈修塔特鹽礦歷險記

哈修塔特鎮的興起，與鹽有著密切關係。哈修塔特鹽礦（Salzwelten Hallstatt）屬於世界上最老的鹽礦之一，其纜車站就在鎮內的步行距離，再加上鹽礦區生動有趣、聲光效果十足的展覽設計，還有大人、小孩都超級喜歡的那兩座木製滑梯，多年來都是此鎮的必去景點。所以對於只用極短時間遊覽哈修塔特鎮的旅客，如果不去鹽礦走一趟，甚至可以說沒有真正到訪過此鎮，相當可惜。

前往鹽礦纜車站

哈修塔特鹽礦的纜車站在哪兒？ Hallstatt Lahn 是小鎮的交通樞紐，集合了觀光船碼頭、公車總站及旅客中心，從那邊沿著指示牌開始走，大約不到十分鐘即可走到纜車站。旅客可選擇只買纜車票或是纜車鹽礦組合票，所以大部分第一次到訪的人都是購買後者。注意，鹽礦在冬天是不開放的，至於開放時間每年不同，所以可以先上網查詢，免得撲空。

俯瞰小鎮風光全景

搭乘纜車，抵達上方標高 838 公尺的纜車站後，第一時間會走到在山崖懸空伸出去的三角形平台，大家都會走到最尖處拍照，由上俯瞰整個哈修塔特鎮及周邊的全景。正值中午，天空湛藍的程度令人無法相信自己的雙眼，只見幾絲白雲在山谷大後方點綴著，舉目所見什麼都清清楚楚——湖區不同角落的幾座湖畔小鎮，三三兩兩散聚於山坡上的房子，幾條遊船慢慢在閃爍著光輝的湖面行駛，一切都漂亮動人得不得了！

1 ｜ 在纜車車廂內，別忘了回頭從高處欣賞小鎮風光。
2 ｜ 步出纜車，第一時間就是要去觀景台欣賞美麗的全景。

小鎮後的半山腰有一座鹽洞，是世界上最古老的鹽坑，現在已變身成為「刺激有趣的採礦世界」。

搭乘纜車上到標高 838 公尺的纜車站，走出纜車站就是山上的餐廳和觀景台。觀景台是一個延伸出去的三角形平台，大家都會走到最尖處拍照。

天空步道的左下方就是小鎮中心，從 360 公尺高的上帝視角往下看真的超酷，小鎮就像一棟棟的樂高小屋。對岸的小鎮就是上特勞恩鎮，哈修塔特湖的另一個湖畔小鎮，同樣成為不少旅客的住宿據點，而我們離開時就是坐公車抵達那邊的火車站才前往下一站。我們繼續望向上特勞恩鎮旁的山峰，那就是達赫斯坦山脈，我們第二天便要坐纜車登上去。

1 │ 上特勞恩鎮　　2 │ 達赫斯坦山脈

一早打算在觀景台的餐廳用餐，旅客雖多，幸好我們等了一會兒便可在戶外空間坐下。既然這天行程不緊湊，我們便慢慢用餐，重點是不願這麼快讓眼睛離開近在咫尺的湖區全景。我想旅人們即使不用餐，也要喝杯啤酒之類的，此乃人生一大樂事也！

套上礦工服裝展開鹽礦之旅

離開觀景台餐廳，接著得繼續往上走十分鐘才會來到鹽礦的遊客中心。整個參觀行程約七十分鐘。入洞參觀前有個特別安排，刷票進入後是一間大更衣室，除了寄放包包外，大人、小孩都需要套上礦工服裝（注意不是更衣），這是一件連身衣，主要是避免弄髒或磨破自己的衣服。穿上後，每個人尤其是小朋友特別興奮，彷彿真的變成礦坑工人，紛紛自拍留念。值得一提，鹽洞內氣溫約七度，怕冷的旅客需要注意。當天我們沒有特別準備禦寒衣物，也沒有留意到其他人都穿得很保暖，不過大概是厚厚的礦工服裝的關係，整個過程並沒有覺得寒冷。

1-2 ｜ 我們在觀景台餐廳享用午餐，盡情飽覽美好的湖光山色。

3 ｜ 從觀景台行走十分鐘左右，便抵達鹽礦旅客中心。

4 ｜ 大人、小朋友都套上礦工服裝，出發前先紛紛拍照留念。

5 ｜ 正式進入世界最古老的鹽坑。

天然結晶鹽在燈光下展現出不同顏色。留意圖的右下方，導覽員打趣地說大家可以舔舔鹽的結晶，小朋友便舔一舔──發現超級鹹！

大家隨著導覽員來到礦坑入口。幽暗的隧道靠著微弱的燈光照射路面，我們沿著昔日的採礦車軌道深入，洞內溫度也隨之下降。

幾百萬年前，哈修塔特一帶是在海底裡，因板塊運動的擠壓隆起，造就了如今的山勢地形，而板塊運動也把當時在海中的結晶鹽礦一起珍藏在此區的深山裡。近幾世紀以來，此處發掘出來的鹽亦成為皇室重要的財政來源，附近的薩爾斯堡自然是最直接受惠的大城市，也因此富裕了這座湖畔小鎮。1965 年，哈修塔特鹽礦正式完成數百年來的重要任務，搖身一變成為觀光景點。

奧地利三大鹽礦

事實上，這一帶共有三座鹽礦開放參觀，分別是位於薩爾斯堡附近的哈連鹽礦、阿爾陶斯鹽礦（Altaussee Mine）與哈修塔特鹽礦。三者中，以我們到訪的哈修塔特鹽礦最為著名。

哈修塔特鹽礦的空間相當龐大，全長約 65 公里（可讓人行走約 22.5 公里），共有 21 層（可讓人行走 20 層），目前的平均含鹽量（Average Salt Content）占六成，每年鹽水生產量為 55 萬立方公尺，工作人員共有 39 名。

鹽的顏色是無色透明？

你一定吃過鹽，你也一定知道鹽的味道，但是你不一定懂它的「晶」髓。你可能知道鹽的來源，你可能也知道鹽的唾手可得，但是你不一定懂得它的千變萬化。

鹽礦裡，走到四周都是大大小小的天然結晶鹽，有些是紅色、有些是黃色、有些是白色……導覽員解說，一般我們看到的都是呈現白色的海鹽，其實純鹽結晶是無色透明的，我們所看到的白色，是由於照在食鹽裡的光線沿著鹽粒晶體表面或隙縫互相襯映反射所產生的錯覺。這種現象在顯微鏡下會消失，這時我們就可清楚地認清結晶是透明的。

除了海鹽之外，還有湖鹽、井鹽及天然形成的岩鹽等，而這處自然是岩鹽。這幾種鹽含泥質時會呈灰色，含氫氧化鐵時呈黃色，含氧化鐵時呈紅色，含有機質時呈黑褐色，含其他礦物質時還會形成青色、藍色或紫色等多種顏色。

舔舔天然結晶鹽

接著導覽員打趣說，你們可以舔舔看，一定是鹹的，但不能保證會不會舔到別人的口水，因為不知道多少人舔過。這時候，身旁的小朋友真的好奇地舔一舔那大塊的紅色結晶鹽，然後大叫著：「嘩，好鹹！」引起哄堂大笑。

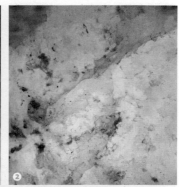

1-2 ｜ 鹽結晶的特寫，依鹽礦中礦物質的種類多寡，會呈現出不同顏色。

3 ｜ 導覽員介紹鹽結晶的形成過程。

鹽坑歷史及採礦的過程

　　礦坑內設有電影室，介紹鹽坑歷史及採礦的過程，讓遊人加深對鹽洞的了解；還有一個地下鹽湖，水面如鏡，有鐘乳石延伸近水面，瑰麗精美。實際上，哈修塔特鹽礦開放參觀的，是其中的三層，從第三層下到第二層，最後再下到第一層，就是依靠兩道木製滑梯。木製滑梯是過去礦工移動到下層的快速工具，如今則是參觀行程中，讓遊客興奮不已的亮點。第二道的滑梯相當長，長度有 64 公尺。

　　有些人覺得像我們在公園玩滑梯一樣，有些人則可能因為懼高而放棄不玩，直接走滑梯旁邊的階梯下去，我們這一團便有幾個人是這樣。

　　導覽員特別強調，大家溜下去後務必馬上離開滑梯，以免與後到者相撞。接著大家便逐一排隊，上方還有紅綠燈標誌，可以一個人或兩個人（通常是大人與小朋友）一起溜下，上方還有個小螢幕會幫你拍照。

1 ｜ 看起來年紀很小的男孩子，一臉帥氣，勇敢無懼地滑下去！
2 ｜ 這是 Jackman。　3 ｜ 亞洲媽媽與兒子一起滑。

鹽礦裡共有兩處木製滑梯，是過去礦工移動到下層的工具。第一次溜多少有點緊張，速度滿快的，但相當有趣。滑下去後要快點起來，以免跟後到者相撞。

當作在主題公園玩雲霄飛車一樣

　　全場第一個滑下去的旅客通常最讓人期待，有一位歐洲男士自告奮勇，他在熱烈的掌聲下順暢又安全地完成。看著第一個人的成功，大家好像安心起來，紛紛輪流下去。我們第一次溜的體驗，難免有點緊張，速度確實很快，但相當有趣刺激，當作在主題樂園玩雲霄飛車即可。重點是要記得，滑下後要快點起身，以免與人相撞。

　　之後大家繼續在第二層探索，石牆上隨處可見鹽礦結晶體。從 1960 年以來，這裡每一年都會進行挖掘計畫，持續研究過去千年礦坑出土的歷史軌跡。坑道中也有許多裝置，像一座天然的室內博物館，讓遊客了解過去的故事。其中還有段精彩的燈光秀，在昏暗的鹽洞與鹽湖中演繹哈修塔特史前凱爾特人的生活面貌。至於第二道更長的滑梯，自然是更快速、更刺激，不過經歷第一回後，這次一點都不緊張，完全放鬆投入，超級過癮。

滑梯的安全守則

1 ｜ 滑下後要盡快起來，以免與後到者相撞。
2 ｜ 手絕對不能碰觸任何物體，會被摩擦灼傷。
3 ｜ 腳絕對不能煞車。
4 ｜ 溜的時候，身體要稍微後仰。

哈修塔特鹽礦 ｜ www.salzwelten.at

具有三千年歷史的樓梯

以為再沒有好戲上演，豈料當我們來到一間投影室，螢幕背後放著一具有 3,300 多年歷史的樓梯；原來在 2002 年，研究人員在這座鹽坑深處發現了一條長達八公尺的木製階梯，這是一項相當重大的發現，因為這證明了在西元前 1344 年時，便已有人類在這裡使用木材打造步道，是至今全歐洲發現最古老的木道。另外，從其他遺留下的文物也足以判斷，早在青銅器時期就已經有人在此進行開採鹽礦的活動。

坐著礦車一口氣高速衝出礦坑

最後的高潮，是大夥坐著長長的礦車，一口氣高速衝出礦坑，重返高溫炎熱的光明世界。再度回到更衣室脫下工作服，離開時每人都會收到一小瓶岩鹽紀念品，相當驚喜。

坐上纜車回到小鎮上，步出閘口就是鹽洞紀念品店，擺滿各式各樣的岩鹽製品，舉凡沐浴鹽、保養品、食用鹽、調味鹽，甚至是沉甸甸的鹽燈通通都有。不同風味的食用鹽與調味鹽，是我們採購的目標，親人朋友的伴手禮都在這裡買到。▇

1 | 整趟參觀行程約七十分鐘。結束後，會搭運輸用的軌道礦車回到地面，獲得一小罐鹽作小禮物。

2-4 | 紀念品店的各種岩鹽製品，絕對是伴手禮的好選擇，我們買了不少。凡是收到的家人好友，無不喜歡。

清晨在湖畔散步是一天最美的開始

哈修塔特的安靜與唯美

Hallstatt

在人潮消失後，鎮上有些地方會變成讓人驚喜的唯美畫面。

手機顯示氣溫約十多度，在窗前隱約感受到外面有點涼快。心裡早已打算散步後才吃早餐，上一回我們在另一個湖畔小鎮濱湖采爾也是這樣。我喝杯黑咖啡後，穿上薄外套，只帶照相機便輕快地離開酒店。可以在清晨的湖畔散步，就是一天最美的開始。

保護難得的清靜畫面

大地還未完全甦醒，湖邊空氣瀰漫淡淡的霧氣，對岸的小鎮還籠罩著一層薄霧而不見全貌。哈修塔特湖長 5.9 公里、寬 2.3 公里，面積 8.55 平方公里，海拔高度 508 公尺，最高水深 125 公尺。

這幾天有點可惜的是，未能坐上觀光船繞湖一周，在船上觀賞湖光山色與其他湖畔小鎮。觀光船分為五十或九十分鐘兩種，價錢為 10 多歐元。除了觀光船，旅客亦可租船來遊湖，一艘電動氣艇遊湖一個小時大約 20 多歐元。

這時在寧靜的湖邊大街上，只見稀落的幾個旅客。尤其是集結觀光船碼頭、公車總站及超市的 Hallstatt Lahn 這一帶，白天是非常吵鬧的，這一刻卻不見遊人，也不見接二連三抵達的旅遊大巴，真是非常罕見的畫面。走著走著，在路上偶然遇上一兩名旅客，彼此善意地點點頭示意早安，便繼續前行。雖然不認識，卻彷彿有一種默契——為了保護完美的清靜畫面，大家都盡量不發出任何聲音。

哈修塔特在不同的天氣、時間、光線、季節，
景色所呈現的樣貌完全不一樣，清晨和傍晚是
最漂亮的，值得你住上一晚。如果像旅行團那
樣只待一小時，就感受不到小鎮的魅力了。

253

一個人在彷彿仙境一般的幽靜湖泊中靜靜地游泳，
是一件多麼教人羨慕的事情。

另一幅很棒的構圖

　　Hallstatt Lahn 碼頭停泊了兩艘沉默的觀光船，從這處望向小鎮的地標路德教堂，是一幅很棒的構圖。與鎮上北邊的經典明信片拍攝地點不同，那處是以較高位置從上而下拍攝的，而這邊則以水平視角觀望小鎮全景，同樣都是我們的心頭好。

在無人湖泊中獨自忘我地游泳

　　正當專注拍照時，忽然聽到有人下水的聲音，我馬上望向聲音傳來的方向，只見一名外國女士從湖邊開始游泳。望著有人獨自在彷如仙境一樣的幽靜湖泊中慢慢地游泳，而這一刻遠處的湖面上還飄浮著薄薄的晨霧，這都讓我打從心裡感到羨慕，很希望自己也有這樣難得的機會，在無人的湖泊中獨自忘我地游泳。

公路高處的觀賞點

　　我繼續散步，漫步小巷之間，看到房屋院牆、門洞、陽台、窗台，都被主人用自己喜愛的鮮花繽紛地裝飾起來。兩個碼頭之間的湖畔大街及其他小路都是行人路，完全沒有汽車；順帶一提，在山坡上一個較高的位置，有一條行車馬路，亦有停車場。另外，在搭乘渡輪時，從湖上觀望正面的小鎮，會發現在路德教會後方的山坡上，有一個石造的平台。

　　我順著山勢的上坡路行走，不久抵達觀景台，心滿意足地俯瞰到整座小鎮。

①

1-2 ｜ 聖母升天教區教堂就在路德教堂後面的山坡上。

3 ｜ 漫步小巷間，欣賞妝點得很漂亮的房子，但記得千萬不要做出打擾人家的事情。

4 ｜ 公路高處的觀賞點。

5 ｜ 如果想進一步發掘哈爾塔特小鎮的魅力，不妨去世界文化遺產博物館看一看，裡面收藏著珍貴的出土文物和琥珀等珍貴飾品。

聖母升天教區教堂歷史悠久，1150 年第一座建築完成，1320 年擴大，如今的教堂是 1505 年重建而成，而塔頂也因為後來遭遇大火，原有羅馬式風格被取代為巴洛克風格的屋頂。2002 年有再重新翻修一次。

哈修塔特鎮內不允許開車進入，兩個碼頭之間
的範圍是商店比較集中的地方，慢慢步行，大
約是二十分鐘內的距離。

259

存放 1,200 個人骨的地方

　　小鎮上除了顯眼的路德教會，其實還有一座聖母升天教區教堂（Maria am Berg），就在山坡上。教堂後方的墓園裡有一座小屋，是許多旅客到訪的地方。全名「Hallstatt Charnel House」的人骨屋開放給人付費參觀，我來時還未開放。裡面存放了 1,200 個人骨，每一個人骨上都有記錄其死亡年分，其中六百多個各畫上不同圖案，並以家庭為單位排列。時至今日，小鎮不再有頭骨放進這座教堂，最後一個人的骨頭，是一位 1983 年過世的女士。

非常溫馨具有意義的故事

　　這項傳統是從 1720 年開始的，由於小鎮原有的墓地太小，居民下葬後的十到十五年間便要打開棺木，將骨頭用化學的方法洗淨，再曝曬風乾。為了來表達思念與愛，親人或藝術家（幫助親人）畫上具有意義的圖案。我在網上看過一些旅客的分享，人們進入裡面，便見到一字排開的人骨頭。植物類是常見的圖案，比如常春藤代表生命、玫瑰花代表愛情，彷如一件件獨一無二又美麗的特殊藝術品。

　　教堂的墓園整理得非常漂亮，每個墓碑都面向湖泊，夏日的鮮花綻放得異常燦爛。我特別放輕腳步，放眼望向湖泊山谷，晨霧已消失，接載第一批旅客的渡輪徐徐地靠近岸邊，小鎮很快又要熱鬧起來。於是，我帶著愉快的心情回去。

1 ｜ 聖母升天教區教堂的墓園，整理、設計得非常漂亮，我想這些精心的裝飾都是出於對親人的愛。

2 ｜ 在公路高處觀賞點觀看到的湖泊全景。

在聖母升天教區教堂觀看到的湖泊全景。晨霧逐漸消散，陽光把湖泊四周的景物照得清清楚楚，碼頭的船準備出發，美好的一天終於降臨大地。

冷雨濃霧中展開登山與冰洞之旅
景點極為豐富的達赫斯坦景觀區

哈修塔特的最後一站，就是達赫斯坦─克里朋斯坦（Dachstein-Krippenstein，以下簡稱「達赫斯坦景觀區」），登高山遍覽壯觀景色外，這一回還包括冰洞探索。雖然一整天冷雨濃霧，壯觀的湖景及雪山全景都看不清楚，但我們依然樂在其中。

543 號公車的重要性

清晨下起了雨，雨絲在湖面激起漣漪，四周盡是雲霧，宛如仙境。我們在小鎮南側的 Hallstatt Lahn 站搭乘 543 號公車，沿著湖邊來到上特勞恩鎮（Obertraun），數分鐘後便抵達上特勞恩火車站（Obertraun Bahnhof）。旅客若不坐渡輪來往哈修塔特鎮，可以使用「543 號公車＋火車」的交通規劃。543 號公車繼續行駛約十多分鐘便到達終點 Obertraun Dachsteilbahn，那就是達赫斯坦景觀區的纜車站。可見前往此山區景點很方便，只需注意 543 號公車的班次，大概每小時一班，直接上車買票，單程車資約 3 歐元。

關於達赫斯坦

進入主題前，須先上地理課。達赫斯坦─克里朋斯坦是在本章出現，亦即哈修塔特鎮附近的山區景點，而施拉德明─達赫斯坦（Schladming-Dachstein）則會在下一章出現。達赫斯坦其實是山脈名稱，克里朋斯坦與施拉德明則是地區名稱。達赫斯坦山脈是東阿爾卑斯山的一部分，最高峰是達赫斯坦山（Hoher Dachstein），海拔 2,995 公尺。此山脈占地廣闊，位於上奧地利邦、史泰爾馬克邦和薩爾斯堡邦三州的交界處，因此有「三州之山」之稱。

1 ｜ 534 號公車載我們來到纜車站。　　2 ｜ 五種票種，需要下點功夫研究。

夏雨嘩啦啦地下著，哈修塔特被一層白茫茫的雨霧遮住，
一切變得隱隱約約，如夢似幻。

1 ｜穿上防風防水外套的我們，在高山上健行。
2 ｜健行指示牌，往五指觀景台需時半小時。

Section III 纜車站。

達赫斯坦景觀區的豐富景點

　　一般山區景觀區的購票很簡單，可是達赫斯坦景觀區的景點較豐富，票種也多樣，所以必須事前做功課。山上有串連在一起的三條纜車路線（Section I, II, III），依三種顏色區分，遊客容易辨識。最高點是在 Section II，五指觀景台就在那處。受歡迎的冰洞及長毛象洞則是在 Section I。Section III 主要是登山客搭乘。五種票種之中，較多人會購買這三種：

1. Ice or Mammut Cave Ticket（纜車 Section I ＋冰洞／長毛象洞導覽團二擇一）
2. Combined Cave Ticket（纜車 Section I ＋冰洞＋長毛象洞導覽團）
3. 達赫斯坦—薩爾茨卡默古特（纜車 Section I, II ＋冰洞＋長毛象洞導覽團）

　　如果你打算到五指觀景台與參觀冰洞，建議一早就過來，趁早上天氣穩定先上 Section II 看風景，再下到 Section I 參加導覽團。

我們的規劃沒有受雨天的影響

我們從纜車站步行至 Gjaid Alm 高山旅館。

　　正如一開始所說，天氣預報說整天都會下雨。但我們依然按原訂計畫，使用 All Inclusive Ticket（纜車 Section I, II, III ＋冰洞＋長毛象洞導覽團）把三段纜車行程都完成了，其中在 Section III 纜車站也健行到 Gjaid Alm 高山旅館（1,700 公尺）再折返（其實從那處延伸的健行路線還有很多，動輒大半天）。至於下午返回 Section I 的纜車站吃午餐後，餘下的時間只能參加較為熱門的冰洞團。

旅客在路上遠望到的達赫斯坦山，與其他終年積雪的山脈和冰川組成壯觀美景。在旅程的下一個據點，我們便會登上達赫斯坦山。

山頂站的景點

　　Section II 纜車站就是觀景區山頂站的所在地，標高 2,100 公尺。步出纜車站會有兩個方向建議行走。第一個是最多人行走的，包含五指觀景台（5 fingers）、世界遺產螺旋觀景台（Welterbespirale）等。旅客大約行走半小時便可來到五指觀景台，此處就是五隻手指頭伸出懸崖、懸在半空中的意思，最大的亮點是旅客可以俯瞰到以哈修塔特鎮、上特勞恩鎮、哈修塔特湖為主的鹽湖區全景。至於世界遺產螺旋觀景台，則可以 360 度地觀賞這一帶景色。

預先登記參加冰洞導覽

　　旅客在 Section II 纜車站外看完壯觀景色後，便返回 Section I 纜車站。旅客雖然買了導覽團票，但需要在車站內登記預計參加哪一場導覽團。我們利用等候時間享用午餐。午後的雨勢變得特別大，往冰洞入口的二十分鐘路程有點陡，但不至於難走。

　　數天前，我們在艾斯瑞威爾特冰洞留下十分深刻的印象，想不到這麼快又可以到另一個冰洞探險。事實上，奧地利高山區存在著不少冰洞，我們去的這兩處冰洞都十分受歡迎。

Section III 纜車站附近的 Gjaid Alm 高山旅館放養不少動物。圖中的旅客正準備深入從此處延伸出的多條健行路線，都會途經令人嚮往的美景。

旅客在 Section II 山頂站步行一段路，可遠望最高峰達赫斯坦山，
以及哈修塔特冰川兩旁多座覆蓋白雪的山峰。

奧地利高山區存在不少千年冰洞，達赫斯坦巨型冰洞是在 1910 年被人發現的；與艾斯瑞威爾特冰洞一樣，都是夏日限定的特殊景點，深受旅客歡迎。

1 │ 穿紅色外套的是導覽員，中間是冰洞標誌，以冰洞內最大的冰柱來設計的。
2 │ 冰洞的特殊視覺效果，特別吸引小朋友。
3 │ 冰洞的最後一段是走過懸索橋，觀看壯觀的冰瀑布。

此處冰洞稱為達赫斯坦巨型冰洞（Gaint Ice Cave），於1910年被人發現。這座冰洞實際上是巨大而繁複的石灰岩洞穴，當高山上的水滲入洞內而溫度又降至冰點以下時，便會形成大大小小的冰塊，即使洞外溫度高於零度，洞穴內仍長年保有冷空氣，讓冰洞地形不會完全融化。此處冰洞跟艾斯瑞威爾特冰洞一樣，僅在5月到10月間開放。

導覽員說明的注意事項大致與上一趟冰洞團一樣，但這次不用提燈，因為洞裡裝設感應燈。所以旅客不要只顧著拍照（此冰洞竟可以拍照！），否則跟不上隊伍，真的被困在裡面，手機訊號不通，唯有等待下一團人到來。

走在懸索橋觀看壯觀的冰瀑

在洞穴裡，我們走在狹小的木棧梯道，整趟的行程滿有趣的，每個場景都有燈光與投影，營造綺麗而魔幻的視覺效果，且路途平緩，走起來輕鬆。來到冰洞中最大的一處洞窟，可以近距離觀

看最巨大的冰柱，大概有十多公尺高。此冰柱在打燈後，漂亮的光雕秀就上場了，多種色彩的燈照在岩壁、冰柱上，呈現猶如夢幻般的景色，大家都忍不住一直按快門。隨後來到最後一處峽谷，走在懸索橋觀看冰瀑時，音樂突然響起，竟然是巴哈的〈觸技曲〉（Toccata），在洞穴裡迴音效果出奇的好，同時搭配眼前的冰瀑美景，視覺與聽覺上皆有多重享受。

最終段俯瞰到的冰瀑，真的非常壯觀，我心裡不禁叫好：「噢，這真是一幅值回票價的畫面！」如果可以坐上時光機，我毫無疑問地會先到達赫斯坦巨型冰洞，再去艾斯瑞威爾特冰洞，這才是兩個冰洞探險的最好規劃。達赫斯坦巨型冰洞也比較適合一家老小出遊，從纜車站走到洞口只需二十分鐘，而且洞內都是平緩易走的路，另外此山頭的其他景點也更多樣化。

結束前，導覽員在出口前指出門上的小洞口，當年發現此冰洞的人就是從這個小小的洞口爬進，深入探險後，最終才發現洞內有大量冰塊。最後，我們從山上的另一個出口出來，從洞口隱約遙望到雨霧中的山谷湖泊，這幅帶點淒美感覺的畫面為當日寫上句號。我們不禁期待著兩天後，可以登上達赫斯坦山脈的最高峰，而且真能遇見天氣預報說的「晴空萬里」。 ■

步出冰洞，我們欣賞到雨霧中的山谷湖泊。

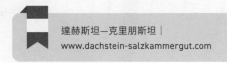

達赫斯坦—克里朋斯坦｜
www.dachstein-salzkammergut.com

CHAPTER

6

施拉德明
Schladming

未被亞洲旅客發掘到的明珠

依傍達赫斯坦山的施拉德明鎮

在華人地區，無論是奧地利旅遊書，或是網路上的分享，施拉德明鎮（Schladming）都甚少出現。而我們來到此鎮後，也從未見到華人，甚至是亞洲旅客。因此在告別小鎮時，我們覺得安排兩天住在此鎮的決定是對的。

1 | 施拉德明鎮火車站。　　2 | 普拉耐山纜車站，就在小鎮核心。
3 | 當地旅客中心設於普拉耐山的纜車站內。

以大自然景點為主的山鎮

我們從哈修塔特坐火車來到施拉德明鎮。步出火車站，旅客可搭乘公車，或步行十多分鐘抵達小鎮核心。坦白說，此鎮沒有什麼歷史悠久的教堂或特色建築物，博物館也沒有，賣點就是上述的山區景點。冬天旺季裡，人們來此滑雪與從事其他不同的雪上活動，至於夏季，人們可以登山健行、玩刺激的高山活動等等，所以規劃此地的行程都是以大自然為主。普拉耐山（Planai）是最靠近小鎮的山，其山腳纜車站位於小鎮核心，事實上核心範圍的餐廳、旅館、運動用品店、超市、紀念品店等等，都是由這座纜車站發展起來的，當地旅客中心就在纜車站內。

小鎮核心有兩家大型旅館，都是面向普拉耐山纜車站，夏季旅客多數入住這兩家。我們選擇連鎖式酒店 TUI BLUE Schladming，設施和房間都很完備。我們辦好手續，隨即收到已寫上我們名字的 Summer Card。看看時間，接近 4 點，既然普拉耐山纜車站就在酒店對面，我們便馬上上山去。

登上普拉耐山實在太方便了，從步出酒店到踏出山上纜車站，也只要十多分鐘，於是這三天裡，我們每天都上去一次。從來沒有一個山區景點我們會這般密集造訪。

1 | 我們的酒店。　　2 | 酒店的大廳。
3 | 我們的房間，典型的連鎖酒店格局。　　4 | 房間窗景。

登上最高點去看達赫斯坦山脈

　　步出纜車站，就要準備登上最高處觀賞全景。車站外有一個「Summit Trail」的指示牌，但其實不用依靠牌子，最靠近車站的那個山坡就是了，只見其他人紛紛在山坡慢行，或是看完景色正在下山的途中。山坡一點也不斜，大約十多分鐘，任何人都可成功征服普拉耐山山頂。在山頂上可以全視角遠眺四周群山，最大的欣賞點自然是纜車站正對面的一排廣闊群山，那就是我們一直提到的達赫斯坦山脈，視野非常遼闊，遠方一個個山頭都看得非常清楚。

日落時，從我們房間可看到這一片寧靜的山谷小鎮景色。右方群山就是達赫斯坦山脈，也是本趟行程重點施拉德明－達赫斯坦的所在地。

Jackman
2018 August
Austria 275

從這處望過去，全部的山頭看起來都是同樣的高度，那麼山脈的最高峰達赫斯坦山是哪一個山頭？看一看山上的牌子，眼前這一排群山的最左方就是達赫斯坦山。第二天將要去的施拉德明—達赫斯坦纜車站要怎麼前往呢？旅客可在鎮上坐上巴士，繞過施拉德明火車站，往對面的群山前進，來到高原上的藍紹鎮（Ramsau），這座小鎮是最靠近纜車站的旅客住宿地，冬天特別多滑雪客入住。

家庭休閒與兒童玩樂為主的設施

普拉耐山上的規劃，除了充滿刺激感的下坡單車道和滑翔傘（起點就在山上纜車站旁邊的山坡，旅客可在纜車站內報名）外，大部分都是以家庭休閒與親子育樂為主的設施，比如 Panoramic Trail 是一條只要花大約一小時的繞圈步道，相當平緩，沿途就有不少兒童遊樂場、植物介紹牌及餐廳。

十分受歡迎的木管道彈珠

說到最受小朋友、甚至是我們喜歡的遊樂設施，就是「Marble Run」。「Marble」是指我們小時候玩的玻璃彈珠，近年外國流行一種管道彈珠 DIY 的益智玩具，小孩子透過自行連接管道，組合成獨一無二的路線，玻璃珠就在管道內運行。這遊戲可讓小孩子學到力學和物理學的基本原理，如重力、速度、慣性等，重點是發展孩子獨立解決問題的能力與創造能力。而這座山上纜車站附近的山坡上，便有一座放大版的，由多條全木製的大管道組合而成。

想玩的小朋友或大人，就在扭蛋機繳付 2 歐元購買一個小木球（代替玻璃彈珠），然後把它放進第一支木管道上，遊戲便開始了。小木球從上而下一直跑，途中有風葉、轉盤、弧形彎道、回旋漏斗、螺旋彎道、五連發峽彎道、風火輪等多種構件，讓木球的滾動有許多有趣形式的呈現。小木球每次經過一個關卡，小朋友就會興奮地邊跑邊觀察著木球過關的過程，當木球跑完後，他們馬上拾起來，再跑回第一支管道玩。

施拉德明旅遊局｜www.schladming-dachstein.at
TUI BLUE Schladming 酒店｜www.tui-blue.com
普拉耐山觀景區｜www.planai.at

1 ｜ 山坡上有多條木製管道組合而成的 Marble Run，圖左下方的小男孩正在拾起木球，準備跑回起點再玩一次。
2 ｜ 我們在扭蛋機買了小木球，也玩了幾趟。
3 ｜ 小朋友在每一個關卡都會興奮地觀看木球過關的過程。
4-6 ｜ 山上有多種兒童設施。
7 ｜ 山上的步道平坦，騎單車的人不少，在鎮上可租到單車，我們的酒店也有出租單車。
8 ｜ 步道上的植物介紹牌。

達赫斯坦山脈

Summit Trail：最靠近車站的那個山坡就是山頂，人們在山坡上慢行，大約十多分鐘，任何人都可輕鬆「成功攻頂」！

Panoramic Trail：這是一條只需花大約一小時的繞圈步道，沒有難度，深受旅客歡迎。

真正踏在冰川上來一趟輕鬆易走的健行

藍白分明的施拉德明—達赫斯坦景觀

在哈修塔特鎮，天氣預報已告知好消息，我們出發前往施拉德明—達赫斯坦的那一天是晴空萬里，從那時起我們便一直期待著這趟行程。

一定要預訂搭乘纜車的日期與時間

施拉德明—達赫斯坦的纜車在夏季期間（5 月至 10 月），旅客一定要在官網預約去回程的日期及時間，不需要支付任何費用。纜車班次每小時四班，每班可載九十人。由於旅客超多，所以纜車公司才以預約措施來控制人流。這一點非常重要，即使你持有當日的車票，工作人員也一定不會讓沒有預約的旅客進入。

因為這個山區是很多第一次到訪的旅客必去的景點，因此我們在酒店辦入住手續時，工作人員必定問你在哪一天前往，還會叮囑你一定要預約纜車的日期和時間。我們當時便回答：「兩個月前我們就訂好了！」

1 ｜ 旅客可搭乘 960 號巴士前往，每小時一班。
2 ｜ 纜車公司提供的施拉德明—達赫斯坦的門票，我們是使用這張全包門票，山上景點全部免費。
3 ｜ 施拉德明—達赫斯坦的山腳纜車站。

旅客在薄薄的雲霧之間漫步在吊橋上，
遼闊的視野將山巒疊翠的景致盡收眼底。

纜車分為室內和室外，室外即位於車廂頂部，觀看的景色分外壯觀。

深入深山中的高山纜車站

施拉德明－達赫斯坦的山腳纜車站（1,700 公尺），就在小鎮另一邊的偏僻深山中。旅客可在普拉耐山腳纜車站旁邊搭乘 960 號公車，又稱「Glacier Shuttle Bus」，每半小時便有一班車。上車時，旅客使用 Summer Card 就可以了，車程大約半個小時。公車會繞到對面高原上的藍紹鎮，這座高原相當廣闊，長達 18 公里，為數不少的住屋和小型旅館散落在高原各處，因此沿途也有旅客陸續上車，到終點

站前，整輛公車都擠滿了人。

纜車是每小時四至五班，我們依預訂班次入閘，工作人員逐一核實旅客的預訂密碼。提早或遲到，均不可以上車，一定要注意。為了接載更多人，這裡的大型纜車設計較為特別，除了車廂，其頂部也開放給人搭乘。

令人興奮萬分的藍白交織畫面

這趟纜車不用轉車，直接登上 2,700 公尺的山上觀景台。一走出纜車站，絕對是令人興奮萬分的畫面，視線範圍裡基本上只見得到兩種顏色：藍色和白色。占據視線上方的藍色，來自極度蔚藍的天空；占據視線下方的白色，來自幾座完全覆蓋白雪的山峰，以及一道長長的冰川。在這裡，我的興奮指數達到九分以上！

兩條主要的健行路線

這裡毫無疑問是達赫斯坦山脈最精華的部分，而且終年積雪。遊覽規劃大致分為健行和非健行兩大部分，後者包含走在吊橋上觀景、參觀冰皇宮等等。首先要說健行部分，官方在整個山區列出八條健行路線。程度適合一般旅客的共有兩條，而且都是出了山上纜車站後，便可直接健行，因此大部分旅客都會選擇走一趟。它們都是來回的路線，旅客可視個人情況隨時中途折返。

旅客在 Sky Walk 觀景台所觀賞到的山下廣闊景色。

纜車站外面就是冬季滑雪場，滑雪客可以在 2,700 公尺的高度一路滑下去。

此圖攝於山上的觀景台，可看到外面最靠近纜車站有一座 Gjaidstein 山，就是健行路線 1。旅客可以一直行走上坡路去攻頂，是一條完全的石頭路，需時大約兩小時。

1 │ 起點　　2 │ 中途的小木屋

3 │ 第二高點 Kleiner Gjaidstein（2,734 公尺）

4 │ 最高點為 Hoher Gjaidstein（2,794 公尺）

5 │ 健行路線 2

絕對是氣勢磅礡的冰川景色!

山上纜車站外就是一大片達赫斯坦冰川,穿上登山鞋的旅客可以健行兩
條精華路線,都是適合一般程度的。左頁圖是健行路線 1,一直行走上
坡路去攻頂,可居高臨下觀看四周壯闊的景色。右頁圖是健行路線 2,
是真正走在冰川上的健行路線。兩條我們都很喜歡。非走不可,否則會
後悔不已。

可俯瞰四周景色的健行路線 1：Kleiner and Hoher Gjaidstein（2,794 公尺）

　　最靠近纜車站有一座山，稱為「Gjaidstein」，山上的石塊都因很久以前被冰川移動過而磨損。第一條健行路線，就是一直行走上坡路去攻頂，是一條完全的山石之路，後段有部分需要攀爬，需時大約兩小時，可登上至高點 Hoher Gjaidstein（2,794 公尺）；人們會原路折返，如此全程會用上三小時。在這途中還有一個中途點，稱為「Kleiner Gjaidstein」（2,734 公尺），人們也會選擇走到那兒便停下來，這段來回需時約兩小時。這裡的位置有一座兩公尺高、由山上石塊堆砌而成的金字塔，上面掛有四周景色的介紹牌。還有，一些資深的登山客也會往至高點繼續行走，是另一條很長又困難的路線。

　　即使沒有登上至高點，旅客在 Gjaidstein 山路上的任何一個高處，都能輕鬆俯瞰到四周的雪地及群山交織成的景色，當然愈接近至高點，愈能看到廣闊的景色。這片壯闊景色大致分為兩邊，一邊是由纜車站開始延伸至旁邊的一排山峰，以及一大片冬天的滑雪場；雖然現場一個滑雪客也沒有，只停泊幾架巨型壓雪車，但想到能在 2,700 公尺的高度開始滑雪，我仍不禁興奮起來，多麼渴望自己能在冬季裡穿上滑雪鞋置身其中。

　　至於另一邊，則可以居高臨下地俯瞰稍後要走的健行路線 2。只見在超級廣闊的雪地上，穿著不同顏色衣服的人們，在左方幾座高高的山峰對比下，儼然變成細小的螞蟻，緩緩走在彷彿浩瀚無邊的山谷中。

旅客可視情況隨時休息或中途折返，圖中是健行路線 1 的山上小屋，不少人在此休息後折返。至於我們用了將近一個多小時，來到一個可以觀看到不錯景色的高度後，便也踏上歸途了。

蔚藍色的天空下，冰川上遊人如織。

在浩瀚的冰川上健行的登山客。

真正走在冰川上的健行路線 2：
Glacier Hike to the Dachsteinwarte（2,741 公尺）

走完健行路線 1，回到 Gjaidstein 山腳，我們便繼續前行。健行路線 2 是完全走在雪地上，全長 1.7 公里，來回需時兩小時，大部分是平坦的雪路，應該都被壓雪車整理過。海拔 2,700 多公尺的高山雪地上，當天氣溫只有個位數，不過陽光實在太猛烈，一直穿著防風外套的我們，臉上和背部都在流汗，整個人像置身在火爐中，不得不把外套脫下來。

我們沒有走完全程，只見後段是緩緩的上坡雪路，還遠望得到終點，就是坐落山崖處的 Dachsteinwarte 高山旅館（2,741 公尺）。此旅館建於 1929 年，周圍是達赫斯坦冰川（Dachstein Glacier），旁邊有一座更高的山峰，是最高的達赫斯坦山。準備攻頂的登山者，會先在旅館住宿，第二天清晨離開旅館，從雪路繞上去，然後攀爬攻頂。

兩條路線都非走不可

健行路線 1 與 2，我都很喜歡，深深覺得非走不可，不過後者的分數在我心中略高一點。旅客們可以一直走在雪地上，而兩邊圍欄以外盡是達赫斯坦冰川，隨意便見到一條條深深的冰隙，給人深不見底的感覺。路的左邊有好幾座山峰，在極度晴朗的天色下，山峰每一角度、每一部分的石隙和紋理都異常鮮明，讓我們可以看得清清楚楚；還有山峰距離我們所走的路較為接近，顯得又高又巨大，彷彿有一種無形的壓力重重地壓下來。

在幾座高高的山峰對比下，雪地上的我們儼然變成細小的螞蟻一樣，緩緩走向彷彿浩瀚無邊的山谷中。

293

健行路線 1 與 2 的時間規劃

　　走完健行路線 1 與 2、再折返到觀景台，總共需時五小時，所以必須注意時間的規劃，並且要準備充足的乾糧和水；還有，中間只有 Dachsteinwarte 高山旅館有洗手間。我們是早上 10 點左右開始健行，打算走一下兩條路線，但不會走完全程。規劃大致是這樣的：在路線 1，我們大概會登上一個能看到不錯景色的高度便折返，這一段路用了將近

一個多小時；接著走路線 2，我們又用了一小時，大概走到一個能望到 Dachsteinwarte 高山旅館的位置便停下來，然後用羨慕的眼神目送著那些快要到達目的地的人。

　　最後又用上一個多小時才回到觀景台，大概於下午 1 點多就可以在觀景台休息和吃午餐，下午繼續其他行程。這樣的規劃可以平衡一點，如果是純綷的高山健行，我們一定會安排更多時間走完所有的健行路線、看完整的景色。

1 ｜ 坐落山崖處的 Dachsteinwarte 高山旅館。
2 ｜ 被雲霧籠罩的就是整個山脈中最高的達赫斯坦山。計畫攻頂的登山者會先在旅館住宿，第二天清晨再出發攻頂。

整段路線其實一直是走在達赫斯坦冰川上，
沿途隨處可見深不見底的冰隙。

在極度晴朗的天色下，山峰的石隙和紋理都異常鮮明。置身
壯闊的冰川和高大的山峰中，人們除了健行外，還可挑戰鐵
索攀岩，可見山腳下有一群人正在進行。

Sky Walk 付費區的吊橋盡頭發生嚴重的交通阻塞，人們移動緩慢，長長的人龍快要排到吊橋的起點。可是大家都很有耐性，因為熱切期待自己能夠一人獨占那座在山崖邊緣傾斜下去的玻璃觀景台。

我在吊橋中途拍攝本圖，從這個角度可清楚看到這座向下伸出去的小觀景台。比起其他地方常見的水平觀景台，這個設計真的是教人心驚膽跳！

從高空往下看的極致美景

經過數小時的冰川健行後，接下來的非健行行程，變得簡單和輕鬆許多，但使用 Summer Card 的旅客要注意，有些地方需要付費。一開始坐纜車登上山時，步出車廂就抵達的 Sky Walk 觀景台是免費的；這是一個從纜車站延伸出去的大觀景台，旅客可俯瞰由山下全景及遠處群山所組成的山巒疊翠景致。好戲在後頭，付費區更精采，是纜車站外的另一邊，前往健行途中一定會見到。使用 Summer Card 的旅客繳付大約 10 歐元便可進場，入閘後是一條連貫兩端懸崖邊的吊橋，長長的吊橋呈現出一條唯美的微笑曲線。旅客在薄薄的雲霧間慢慢行走在吊橋上，分外有氣氛。

午後，許多人應該已經完成冰川健行，這時來到吊橋的旅客特別多。我們在橋的另一端遇上人龍，前進速度緩慢。原來橋的盡頭設有一個小小的觀景台，其最吸引人的亮點是旅客需要向下行 14 個狹窄的台階，最低點是一個方形的全強化玻璃賞景平台，距離山底有四百公尺之高，人們可在腳底下欣賞山脈下方的磅礴景色。

我們則直接來到冰皇宮（Ice Palace），這裡設置不同主題的冰雕，在色彩繽紛的燈光照映下，每一座造型可愛的冰雕都顯得分外吸引人，帶著小朋友的父母一定不要錯過。

離開最後一站，蔚藍色的天空依舊，冰川上遊人仍然如織，不禁為今日的行程感到心滿意足。▬

1 ｜ Sky Walk 付費區的吊橋千萬不要錯過。盡頭就是那座設計獨特的小觀景台。

2-3 ｜ 冰皇宮內部有各種造型的冰雕，適合親子同遊。

施拉德明—達赫斯坦 ｜ www.derdachstein.at
Dachsteinwarte ｜ www.alpenverein.at/seethalerhuette

一起在本地人鍾愛的城市漫步

保持自身優雅格調的格拉茲

奧地利之旅終於邁入尾聲。火車從維也納開始載著我們繞了一大圈，看盡哈布斯堡家族的興衰、天才音樂家莫札特的故鄉，以及古城與小鎮、鹽礦與冰洞、高山與湖泊、雪山與冰川等等。一路順暢，沒有遇上特別惡劣的天氣，或很難解決的麻煩事，此行算是收穫滿滿。

　　最後一站我們來到奧地利第二大城、擁有三十多萬人口的格拉茲（Graz），其古城區於 1999 年被列為世界文化遺產。在這裡，我們經歷了一趟集合歷史、藝術與文化的多樣化旅程。

沒有太多的國際化與遊客的悠閒城市

　　一般計畫遊覽奧地利一週左右的外國旅客，很少會來格拉茲，即使來了也不打算久留。格拉茲古城區的魅力雖略遜維也納或薩爾斯堡，但這裡沒有連鎖咖啡店充斥，或是高檔精品店林立，也沒有太多國際化的蹤跡或大量遊客的喧鬧。我們相當喜歡它保持自己的步調，維持一貫該有的優雅，稱得上是一座可以悠閒漫步的城市。

1 ｜格拉茲中央火車站。　　2 ｜格拉茲是一座步調悠閒的城市。

我們住在鬧中帶靜的河畔區，這裡有兩座超現代風格的知名建築物，而且酒店面向古城區。圖中的遠方就是古城區，數分鐘的路程便可抵達。

格拉茲與薩爾斯堡的旅遊規劃很接近

此城市的旅遊規劃與薩爾斯堡雷同。首先兩者的古城區同樣是世界文化遺產，卻不在中央火車站的步行距離，旅客需要坐電車前往。第二，兩地古城區外圍同樣有一條河流圍繞；格拉茲的穆爾河（Mur）全長 465 公里，流經多國，流域一半的範圍在奧地利境內。穆爾河流經格拉茲中心，河上天橋的行人熙來攘往。

第三，兩地古城區除了有大量充滿歷史感的著名建築物外，焦點是同樣擁有一座俗稱城堡山的山丘，山上的城堡就是整個城市最重要的地方。「Graz」取自斯洛維尼亞語的「Grad」，即「城堡」的意思。可惜的是，格拉茲的城堡已不復見，現時城堡山上的時鐘塔樓屬於昔日城堡的一部分，已成為此城最重要的地標建築。城堡山是城市的至高點，登頂看看城市全景，自然是必做的事。

展開漫遊古城之旅的起點

這一回，我們住在很接近古城區的遊客區，沿著穆爾河一帶有不少酒店，都面向古城區與城堡山，景觀一流，住在古城內反而無法享有這樣的景觀。我們入住的 Hotel Weitzer，屬於四星級酒店，由古老建築改建而成。從火車站搭上 1 號電車，幾乎是一條筆直的路，不到十分鐘就抵達酒店坐落的 Kunsthaus 站。

1 | 沿著河畔坐落不少高檔酒店，賣點是可以望到古城區的景色。我們入住的這家為四星級酒店，由老建築改建而成。

2-3 | 我們舒適的房間及酒店的早餐區，散發出優雅的氣氛。

美好天氣下的穆爾河，貫穿格拉茲市中心，很適合在河畔走走。河上是太空船嗎？非常奇特地飄浮在河上，這也是遊覽此城的重點。右邊是古城區，旅客絕不能錯過登上山頂，去看看城市全景。

　　下車地點其實是鬧中帶靜的大街，許多遊客也是從這裡展開漫遊古城之旅，因為十分著名的格拉茲現代藝術館和穆爾島都在這處，兩者的建築風格都散發出強烈且驚人的未來主義味道，許多人說沒有參觀這兩處地方，便不算完整遊覽過格拉茲，我們很贊同。旅客在這處越過稱為「Erzherzog Johann Brücke」的天橋，即進入古城。我們從酒店開始走進古城區不過十分鐘，十分方便。

安排兩天一夜的行程

　　格拉茲距離維也納只有兩個多小時的火車車程，而且是直達火車，當日來回的旅客可以在一大清早出發，早上 11 點前抵達便可輕鬆開始行程。不過，還是建議放慢步伐，細細品味城市的藝術與文化氣息，住上一、兩個晚上最為理想。我們住了三個晚上，必去景點或必做的事都完成後，剩下的時間就是享受舒服閒適的放空時光。=

必去的景點通通造訪後，最後一天的早上便可以慢慢地寫生。在進入古城區的主橋上，我花了兩小時畫下這幅畫。

寶藍色太空船降落在格拉茲

走前衛風的格拉茲現代藝術館與穆爾島

第一天傍晚到達格拉茲,我們已在街角近距離觀看過這座外觀異常奇特的藝術館,與古色古香的老建築形成強烈的對比,不管從何種距離、何種角度觀看,都有不同的風貌,引人無限聯想。雖然出發前看過它的照片,對於如此超現代風格的建築已有準備,可是來到現場後,其視覺的衝擊仍然這麼強烈。

接著第二天,在美麗的天空下,我們爬到古城中最高的城堡山,在山丘上看到一大片紅瓦屋頂與古老教堂之間,一艘寶藍色的「太空船」就這樣降落在山腳下,腦海裡不禁想起一些科幻電影的場面。

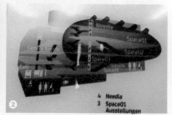

1 | 格拉茲現代藝術館門口擺放著建築外觀模型,感覺超像顆心臟。
2 | 格拉茲現代藝術館的平面圖。

酷似太空船與心臟的巨型建築

格拉茲古城區雖被列入世界文化遺產,可是此城市的現代氣息也十分鮮明。位於穆爾河畔的格拉茲現代藝術館(Kunsthaus Graz),以及在穆爾河中央的穆爾島(Murinsel),就是最具代表性的超現代建築物。我們住在河畔的這幾天,距離這兩座奇怪的建築物十分近,無論前往古城或是回去酒店的途中,必定見得到它們。

格拉茲被評選為 2003 年歐洲文化之都,與這座與眾不同的格拉茲現代藝術館很有關係。2000 年,此城市舉辦了藝術館國際競圖比賽,計畫在穆爾河畔建造一座全新的藝術館。當時收到一百多份競賽設計計畫,最後由英國建築師彼得‧庫克(Peter Cook)獲獎。

右頁圖攝於格拉茲最高的城堡山上,可看到一艘寶藍色太空船降落在城市中,強烈的後現代建築風與一橋之隔的古城形成不協調的美感。

1 | 格拉茲現代藝術館　　2 | 穆爾河　　3 | 穆爾島

格拉茲現代藝術館的有機曲線造型，用上超過一千片的寶藍色壓克力嵌板拼貼而成，而且每一片壓克力板的弧度位置都不同。白天看是深藍色、流線體的龐然大物，而頂部突出的一個個很像章魚的吸盤，其實是天窗。到了夜晚，建築物本身會不斷閃著白色的光點，讓這座古城的夜晚不寂寞，十分有意思。

經過時間沉澱的成果

　　藝術館在 2003 年完工之前，據說有七成民眾不喜歡這座酷似太空船或心臟的巨型建築。換作我是土生土長在古城區的人，也很可能會有這種反對的情緒，所以可以理解這種跳 tone 的設計為何在當時會遭受到不少批評，就好像巴黎艾菲爾鐵塔剛建好時，曾經飽受巴黎人的嘲諷。在傳統中標新立異總是不容易，有些事物只能透過時間的沉澱才能顯出其價值，這座酷似太空船的藝術館就是其中之一，如今它也漸漸被人們所接受。

一千片寶藍色壓克力板組合

　　格拉茲現代藝術館的有機曲線造型，是用上超過一千塊寶藍色壓克力板拼貼而成，大約九百平方公尺，由於每一片壓克力板的弧度不同，因此在製作、施工與吊裝上，想要組成這個有機的幾何體，又要具備燈光及螢幕功能等等，肯定有相當的難度。

　　寶藍色壓克力板內藏著九百多支直徑四十公分長的螢光燈管，並安裝 BIX 電腦照明系統，控制整幢建築的燈光照明和閃動效果，一秒最快可閃二十次，所以藝術館定期會邀請不同的媒體藝術家來大展身手。

1 | 格拉茲現代藝術館正面的外觀，長 60 公尺、高 16 公尺。　　2 | 最高一層設有室內的觀景台，可觀看整座古城區。
3 | 館內有 16 個宛如章魚的吸盤天窗，其中一個是火災時的濃煙出口處，其餘是給需要自然光的展覽區使用。本圖窗口則能夠看到城堡山上的鐘塔。
4 | 在觀景台上，可近距離看到頂部一個個小小的燈管。

各項兼具環保概念的設計

　　此館也十分注重環保元素。首先其屋頂內嵌了冷卻管，目的是引入旁邊的河水，在炎熱夏日能降低室內溫度。第二，如此奇特的外牆也有雨水回收的功能，雨水能夠從板與板之間的縫隙流入下方的混凝土薄殼，再由薄殼表面流入收集槽，集水後主要用於沖馬桶用水。

　　我們從自動人行道開始參觀，仔細觀看兩層樓的各項展覽。不過對於慕名而來的外國旅客，藝術館本身的建築設計及理念往往才是欣賞的重點。走到最後，我們才發現頂樓原來有一條玻璃長廊，在結束參觀前突然讓我們眼界大開，將四下的城市景觀與周遭群山盡收眼底。

連結古城區與新城區的人工浮島

　　由格拉茲現代藝術館往穆爾河走去，就可見到穆爾島與對岸古城區。我們在另一座橫跨穆爾河的橋梁上，看到穆爾島橫跨於水流湍急的穆爾河上，整個建築是可以隨著水位高低而升降的，看起來就像一個在河上漂浮的閃亮大貝殼，前衛現代的造型與四周的古典建築形成對比。整個螺旋狀小島被認為是藝術與現實融為一體的經典之作。

　　一看便知道這是一座人工浮島，兩邊各有橋梁串連河岸。支撐這座浮島的，是許多粗細不一的銀色柱子與管子，置身其中彷彿進入外星基地的強烈感覺，與格外像太空船

外型酷炫的穆爾島，不但會隨著水位上下浮動，人們也可以藉由連接通道前往穆爾河的兩岸，外圍的銀色管子設計成可供小孩攀爬的遊戲場，白天是咖啡館，晚上是酒館與餐廳，浮島上的咖啡館以藍、銀為主要色調，約可容納三百人。至於這條穆爾河，全長 465 公里，其中 295 公里在奧地利境內。它將格拉茲分為新城區與古城區，是新、舊文化的接合線。

穆爾島是一座位於河中央的銀色鋼筋帷幕式水上平台，建築主結構以粗細的銀色鋼管交織成網狀，兩邊各有橋梁連結河岸。
本圖是音樂、劇場表演的戶外觀賞區。

的格拉茲現代藝術館互相呼應。此島由紐約藝術家維托‧阿肯錫（Vito Hannibal Acconci）為格拉茲成為 2003 年歐洲文化之都而設計的，長達 47 公尺，是一個串連自然與城市，促進居民生活、文化交流的水上劇場。此島本是臨時性建築，因兼具咖啡館、露天劇場與橋梁的機能，受到居民與遊客喜愛，便永久保存下來。

圓頂下面的咖啡館以藍、白色系為主，方桌與碗狀椅，造型簡潔大方。意想不到的是，此島同時又是「小朋友攀爬的遊樂場」，設計師運用不同大小的鋼管結合藍色繩網構成攀爬遊戲場，藍色通管則是給兒童專用的溜滑梯，出口有洞穴可鑽回遊戲場。我們走在彷彿迷宮般高低錯落的步道，在每個轉彎處觀察到不同的線條與空間構成的趣味，且愈走發現得愈多呢。▇

格拉茲現代藝術館｜www.museum-joanneum.at
穆爾島：www.murinselgraz.at

咖啡館的天藍色地板、白色桌椅加上棕梠樹，讓人眼睛一亮，彷彿來到熱帶島嶼俱樂部。

走在浪漫的石板道上探訪古城

格拉茲古城之旅 Part 1：市政廣場的心臟地帶

展開漫遊格拉茲古城的旅程，最理想的方式即是從 Kunsthaus 站開始，在那裡可觀看到如外太空船的格拉茲現代藝術館，體驗過後現代建築視覺上帶來截然不同的衝擊後，便可走過穆爾街，進入古城區的郝普特廣場（市政廣場），眼前盡是古色古香的歷史建築。

格拉茲的古畫

1 | 我們目前居住的新城區（格拉茲現代藝術館一帶）
2 | 穆爾河　　3 | 市政廳　　4 | 城堡山上原有的城堡

格拉茲的興盛

格拉茲比起維也納，更早成為哈布斯堡王朝發展的核心，在持續對抗土耳其人的過程中，此城也因此興盛起來。又因為此城與義大利僅一山之隔，很多畫家與雕刻家從義大利北部前來發展，負責裝飾皇宮、市政廳、教堂等建築，造就格拉茲成為奧地利最早發展為巴洛克風格的城市。直至 1683 年，由於哈布斯堡王朝的發展從格拉茲轉移到維也納，格拉茲的地位自此被取代。

格拉茲的歷史概要

1　1115 年，這座城市開始出現於文獻記載。

2　1278 年，在德意志國王魯道夫一世（Rudolf I）統治時期，從首要對手奧托卡二世（Otakar II）手中把格拉茲奪取過來，從此開創了哈布斯堡王朝。

3　1379 年起，格拉茲成為利奧波德家族的發展據點。

4　1452 年，菲特烈三世（Friedrich III）成為神聖羅馬帝國皇帝之後，宣布格拉茲為其帝國之都。

登上城堡山的鐘樓，最好是安排在天氣好的日子。因為第一天遇上下雨天，於是我們便調整行程，順延至第二天。第二天正是整趟奧地利之旅的最後一天，我想在這最後一天能夠遇上蔚藍天空兼可前往格拉茲的第一景點，真是再好不過的美麗句號。

漫遊古城區的規劃主軸

漫遊古城區是一件幸福的事情，大大小小街道保留著不少中世紀的房屋，牆身有許多彩繪，繽紛的路面電車在路上緩慢移動，人們走在浪漫蜿蜒的石板道路去探訪各處。城內的多個景點，行走的路線因人而異，如何串連各個景點，並沒有特別需要留意的地方，因為面積不算太大，有時走錯路或繞圈子都不是什麼大不了的事，反而可能遇上有趣的地方。無論怎麼走，重點都應以登上城堡山為規劃主軸，除了要預留較多的時間，最重要的是要在天色明亮時登頂。我們比較幸運，這兩個條件剛好都能做到，於是把城堡山安排在最後一站，成為漫遊古城旅程的壓軸好戲。

漫遊古城第一站：郝普特廣場

郝普特廣場（Hauptplatz）是古城的心臟地帶，也是電車與公車匯集的大站，住在城中各區的人最愛在這裡集合，所以也是旅客漫步古城區的最佳起點。由於是格拉茲市政廳的所在地，所以也稱作「市政廣場」。從中世紀初，此廣場一直是城市的中心點，所有主要街道均從此廣場延伸出去，這些街道包括海倫街（Herrengasse）、斯博街（Sporgasse）、穆爾街（Murgasse）等等。

1 | 市政廣場上的約翰大公噴泉。
2 | 市政廣場也是格拉茲所有電車路線均會停站的地方，所以這裡也是住在城中各區的人最愛的集合地點。

約翰大公噴泉

廣場正中央是建於 1878 年的約翰大公噴泉（Archduke Johann Fountain）。約翰大公在當時落後的地區引進大學，並建設交通網絡，為城市做出傑出貢獻，深受百姓愛戴，被讚喻為「人民的親王」（A Prince of the People）。雕像旁圍繞四尊美女塑像，象徵著流經州內的四條河流：穆爾河、茵斯河（Enns）、德拉瓦河（Drau）、桑恩河（Sann）。

格拉茲最古老的藥房

廣場四周都是歷史悠久的建築物，大部分建築物外部色彩豐富，飾以精緻灰泥點綴物和雕塑。其中最突出的是艾格房屋（Luegg-Haus），在市政廣場連接斯博街的街角，前身是格拉茲最古老的藥房，建於 1535 年。建築的名字

旅客在薩克街的百貨公司頂樓可觀望到這幅以格拉茲市政廳為主角的繁榮景致。市政廳及周邊是古城的心臟地帶，也是電車與公車會集的大站，本地人喜歡在這裡約會見面，也是旅客漫步古城區的最佳起點。

「Ums Eck Lugen」意指「凝視中的街角」。整棟建築除了有保存良好的拱形穿廊、斜屋頂，最特別的是以灰泥做成的牆面裝飾圖案，華麗且繁複，是 17 世紀重新翻修而成的美麗作品。此屋目前為施華洛世奇水晶店（Swarovski），感覺兩者的風格極為呼應。

漫遊古城第二站：格拉茲市政廳

樓高四層的格拉茲市政廳（Grazer Rathaus），其歷史幾乎就是格拉茲的演進史。1550 年，當時的市政府搬入古城區廣場，並建立了一座文藝復興風格的小建築物，附帶警察總署和監獄於三樓。

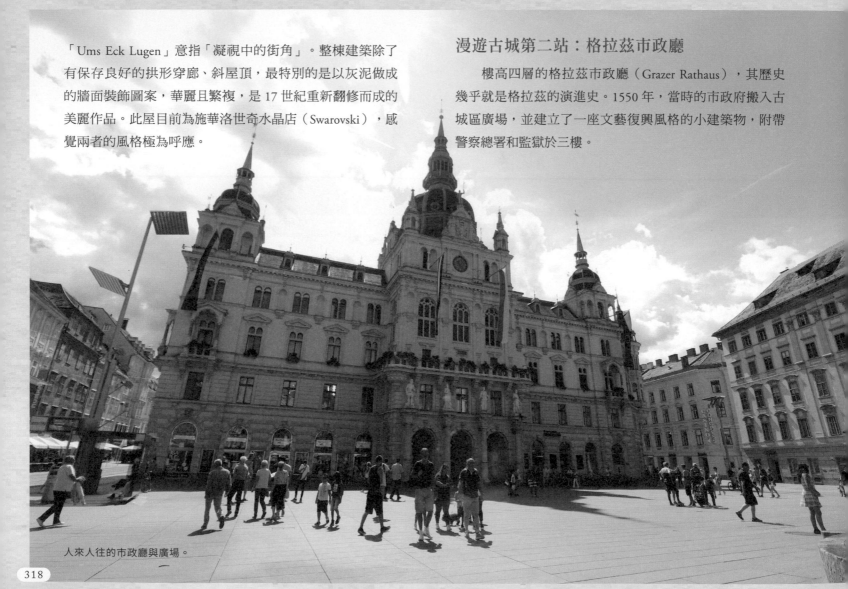

人來人往的市政廳與廣場。

位於斯博街街角的艾格房屋。

1803 年，第二代市政廳取而代之，是一座更大的復古主義建築。邁入 19 世紀後期，隨著城市規模和人口的擴大，更宏偉的第三代市政廳由此誕生，完成於 1893 年，就是如今我們所見到的樣貌，屬於後期歷史主義的哥德式風格。新市政廳由維也納建築師設計，主要透過徵收紅酒稅來籌集建造經費。

漫遊古城第三站：海倫街的彩繪屋與格拉茲州政廳

連接市政廣場的海倫街位在市政廳正面的左邊大街，只容許地面電車行走這條大街。這是一條滿布巴洛克風格建築的大道，有幾棟經典建築要特別留意。首先要說海倫街 3 號的公爵府（Herzoghof），又名「彩繪屋」（Gemaltes Haus），是街上最顯著的建築物，因為房屋面對著鬧街的牆面上全部繪滿了壁畫。第一代壁畫繪於 1600 年左右，由斐迪南二世的宮廷畫家喬瓦尼・彼得羅・德・波米斯（Giovanni Pietro de Pomis）執筆。後來房屋幾經轉手，1742 年左右，屋主聘請當時的一名巴洛克風格畫師約翰・梅耶（Johann Mayer）重新繪製，主題以希臘和羅馬的諸神為主，也就是現在我們看到的作品。

格拉茲州政廳

海倫街 16 號的格拉茲州政廳（Graz Landhaus），同時也是遊客中心及兵器博物館的所在地，本身是一座三層樓高的義大利文藝復興式建築，主要部分建於 1557 年至 1565 年，其後擴建了幾次。州政廳是該市第一座文藝復興的建築，也是歐洲中部最重要的文藝復興建築之一。蛋黃色牆面散發出樸實的味道，走進內庭便見到以半圓形拱廊窗戶與穿廊為主的建築設計，西北邊有座小禮拜堂，廣場中間有一口古老的水井，建於 1589 年，以青銅鑄成的欄杆，上面裝飾著精緻的手工雕花。

夏天，廣場上會擺滿咖啡座椅，也會定期舉行露天音樂會與歌劇表演。我們到訪時，便遇上準備著露天音樂會的工作人員，表演者正在試音。我們不禁想像如果能置身於這座優美的小廣場上愜意地欣賞音樂，必定是一椿人生樂事。

1 ｜ 位於州政廳的旅客中心。
2-3 ｜ 旅客中心有多種充滿設計感的紀念品，廣受旅客歡迎。

州政廳內庭一角，以拱廊窗戶與穿廊為主的建築設計。

州政廳內庭的古水井及青銅製裝飾。

海倫街的彩繪屋，總面積超過 220 平方公尺的壁畫令整座建築分外顯目。

漫遊古城第四站：海倫街的兵器博物館

兵器博物館（Landeszeughaus）是我們最喜歡格拉茲的景點之一。這個號稱全世界中世紀武器收藏量最多的博物館，果然名不虛傳，場面相當壯觀。許多人在網路上分享，都大讚此博物館的展品十分豐富，教人逛得津津有味。

格拉茲曾是神聖羅馬帝國對抗土耳其的前哨，當時整座城市就像一座大型兵工廠，這座兵器博物館的前身更是當年的軍械庫房，樓高五層，於 1642 年所建。它保存了三萬件中古世紀戰士的盔甲、槍砲和刀械，大多來自與土耳其人的戰爭，據說其中的盔甲和長矛數量可以武裝 28,000 名士兵，是全球最大的武器歷史博物館，而全世界僅存的七件戰馬盔甲，其中一件就在這裡。兵器博物館的一樓也是遊客中心，裡面很現代化，且富設計感，除了諮詢服務以及紀念品，也有販售格拉茲博物館的門票。

在海倫街尾段，還有一座外觀矚目的聖血堂（Kirche zum Heiligen Blut），高聳的塔樓把整條大街的天際線拉高許多。這一座羅馬天主教教堂，初建於 1440 年，在二次大戰中，哥德式花窗玻璃曾被摧毀，如今看到的是修復後的樣貌。而在第三帝國時期的花窗玻璃上，竟然有希特勒和墨索里尼的身影！這是世界上唯一描繪這兩位獨裁者形象的教堂。

兵器博物館的前身為建於 1642 年的軍械庫，現在展示著格拉茲過去的輝煌，有超過三萬件的鋼盔、盔甲、刀劍矛，並收藏了「全世界僅存七件的戰馬盔甲」的其中一件。

漫遊古城第五站：
霍夫街的皇家麵包店、格拉茲大教堂

斯博街（Sporgasse）是另一條連接市政廣場的熱鬧街道，這條小小的街道比格拉茲更古老，早在羅馬時期已經存在。轉入霍夫街（Hofgasse）後可以看到皇家麵包店（Hofbäckerei Edegger-Tax）。迎面而來的是一扇華麗大木門，超過百年的木頭門面散發著歷史悠久的風采，門頂上還裝飾著鍍金的老鷹雕刻。這裡是皇家麵包師傅埃德嘉—塔克斯（Edegger-Tax）家族的烘焙店，1569年開始營業，帝國時期價格不菲的美味麵包，比如茜茜之吻（Sissibusserl）、國王麵包乾（Kaiserzwieback）均由這裡出品。

旅遊局的人特別向我們推薦他們的蘋果派，盛讚店家會在蘋果派的周圍加上用鮮奶油和蛋打出來的奶油沾醬，蘋果派裡面則夾著新鮮美味的蘋果粒，帶著淡淡的肉桂香，派上頭還灑了糖粉。酥脆的蘋果派沾著香滑的奶油，入口甜而不膩，再搭配一杯卡布奇諾，真是完美的下午茶組合。

抵達皇宮前，旅客可在霍夫街右手邊見到格拉茲大教堂（Grazer Dom）。教堂屬後哥德樣式，建於1438年，外觀簡潔，內部其實是一個設計精緻的巴洛克式禮拜堂，包括一幅15世紀的壁畫、裝飾華麗的高祭壇和宏偉的管風琴。

大教堂隔鄰是神聖羅馬帝國皇帝斐迪南二世的陵墓（Mausoleum of Ferdinand II），於1614年由斐迪南二世下令建造，但他過世時，只完成陵墓外觀，一直到1687年才建好。其藝術價值之重要被譽為「格拉茲的王冠」。大陵寢的橢圓形屋頂和許多細節都呈現出表現主義演變至巴洛克的過渡風格，被視為是17世紀奧地利最重要的建築之一。大陵寢內的浮雕和壁畫都很有特色，主要歌頌斐迪南家族的榮耀和歷史，皇帝陵墓就在中央祭壇的右邊。

漫遊古城第六站：霍夫街的皇宮

來到霍夫街的尾段，就是皇宮（Burg），但不要期望會見到一座華麗壯觀的皇宮。它最初是在1438年由神聖羅馬帝國皇帝菲特烈三世興建，採用哥德式風格。後來其子馬克西米連一世在1499年進行大改建，姑且無論變成如何，昔日皇宮的風貌因為歷經多次戰亂幾乎已不復見。目前這座建築物被用作州府首長的官邸。

1 ｜ 皇家麵包店。
2 ｜ 斐迪南二世的陵墓。

位於海倫街後段的聖血堂，高聳的塔樓十分醒目。

1 ｜霍夫街皇宮的雙折螺旋石梯。　　2 ｜雙折螺旋石梯的特寫。

3 ｜音樂鐘樓上，一對穿著史泰爾馬克傳統服裝的男女木偶。　　4 ｜正在觀賞音樂鐘樓表演的大批旅客。

皇宮入口在霍夫街 15 號，穿過院子會看到一個哥德式的高塔，高塔內才是觀賞重點，因為裡面有一個雙折的螺旋石梯（Dopperlwendetreppe），這是哥德時代晚期石雕藝術的經典作品，被視為是格拉茲最精美的建築及必遊之地。這座由當代藝匠巧手打造的哥德式雙樓梯，以交纏的方式蜿蜒直上，不論走哪一邊都可以到達塔頂，當陽光從窗外穿透映照在砂岩造的樓梯上，會閃爍著動人的金黃色。我們兩個一人走一邊，最後在頂部相遇，相當特別。

漫遊古城第七站：音樂鐘樓

離開皇宮，在小巷中走著，很快便來到音樂鐘樓（Glockenspiel）。最好安排在上午 11 點、下午 3 點或下午 6 點到訪，因為鐘樓上有一對穿著史泰爾馬克傳統服裝的男女木偶，會在這三個時段中跑出來進行音樂表演。遊客們可坐在廣場前的餐廳座位喝飲料，或是站在一角欣賞。話說，1884 年，一位格拉茲商人到比利時旅行時，愛上特殊的音樂鐘表演，回國後請人在自己的房子裝上音樂鐘。目前的音樂鐘是 1956 年重新打造的。

漫遊古城第八站：遠眺城堡山的百貨公司頂樓

薩克街（Sackstrasse）是連接市政廣場的另一主街道，就在斯博街入口旁邊。它位於古城區靠北邊，有地面電車行駛，同樣有濃濃的義大利風味，往城堡山也是這個方向。在這條街道上，有一家幾層樓高的百貨公司，地下室設有超市，重點是其頂樓的 Freiblick 餐廳戶外用餐區，是一座免費的觀景台，觀景台自屋頂上的一角懸空伸出。人們可以清楚地遠眺城堡山上的時鐘塔，也能觀看到連接海倫街的市政廳與市政廣場。這幅城市景致我最喜歡，因為這就是格拉茲最寬敞美麗的巴洛克風格大道，兩側商店與復古建築鱗次櫛比，還有路面電車與川流不息的遊逛人潮。▬

薩克街的百貨公司，
其頂樓是古城區的觀景台。

登上百貨公司頂樓的觀景台，可觀看古城全景。　1｜市政廣場　2｜時鐘塔

在蔚藍天空下畫上旅程句點

格拉茲古城之旅 Part 2：造訪孔雀城堡與城堡山

我們在格拉茲有整整兩天的充足時間去遊覽，可以彈性調整行程。大部分計畫要去的地方，諸如格拉茲現代藝術館、古城內幾條大街上的景點等，都在第一天看過了，不過第一天的天氣一直在下雨。城堡山是格拉茲的第一景點，所以最好是安排在天氣好的日子，於是我們便靈活地調整行程，順延至好天氣的第二天。且第二天也是整趟奧地利行程的最後一天，隔天便要坐飛機回家，我想在最後一天能夠遇上蔚藍天空，兼可前往格拉茲的第一景點，真是最好不過的美麗句號。

艾根堡在 2000 年列為世界遺產

事實上在登上城堡山前，我們還前往一座不在古城範圍的「孔雀城堡」。此處真正的名字為「艾根堡」（Schloss Eggenberg），至於「孔雀城堡」這個形象鮮明的名字是我們取的，原因是城堡裡的花園與各樓層都有許多孔雀，牠們享有非常高度的自由，在城堡範圍內隨意散步或休息。

話說格拉茲古城區於 1999 年列為世界遺產，而艾根堡因為保存非常完整，擁有風景優美的花園，亦見證了義大利文藝復興晚期與巴洛克時期的建築風潮，因而於 2000 年列入格拉茲的世界遺產名單中。

穿過大閘，放眼開去是一條長長的綠蔭大道，深紅色的艾根堡就在盡頭。此堡於 2000 年列為世界文化遺產，城堡以其保存良好的巴洛克式裝飾、風景優美的花園而著稱。

右頁的水彩畫後來獲得 Galleria Esdé 國際水彩畫大賽的肯定。

孔雀在城堡花園優雅地漫步

　　我們搭乘 1 號地面電車，途經中央火車站，半小時後便抵達 Schloss Eggenberg 站，是頗為僻靜的地區，下車後依路標可輕易到達目的地。穿過城堡大閘，便是一整排長長的綠蔭大道，碧草如茵讓人賞心悅目，驚喜的是，老樹掩映間，竟發現孔雀的蹤跡。

　　我們看到很多藍綠色的公孔雀和母孔雀恬意地漫步，也有一隻彷彿戴著后冠的白孔雀正優雅地坐在草地上，一點也不畏懼陌生人。這種近距離觀看孔雀的經驗很少遇到，馬上加入眾人的攝影行列中。

　　艾根堡最早的建築於 1460 年興建，巴洛克風的主建築則於 1625 年完成，至今成為史泰爾馬克邦最為著名的巴洛克式宮殿建築。城堡內庭以拱形迴廊設計為主，各樓層間又有數間展館隱身其中，我立刻聯想到在古城的州政廳，兩者的設計有些接近。旅客們進入各個展館必須報名參加導覽團，分為英語及德語團，為時約五十分鐘。

　　整座城堡以宇宙天文為主題精心設計，光是天花板及牆壁上就能看見許多生肖動物及占星的畫作，展現了人類對天文地理的認識及宇宙觀。城堡擁有四座大型塔樓，象徵四季，在花園漫步時記得留意；而內部的每一層有 31 個房間，象徵月分的天數；24 間大廳（State Rooms）象徵一天有 24 個小時，365 道窗戶則象徵一年的天數。堡內最著名的地球廳（The Planetary Room）是所有大廳的起點與終點，於 1685 年完工。牆上掛有著名的宮廷畫家漢斯・亞當・魏森基歐爾（Hans Adam Weissenkircher）的畫作，代表四大元素、黃道十二宮、以及七個古典行星，被評為中歐早期巴洛克風格室內裝飾中最令人印象深刻的作品之一。

色彩豔麗的孔雀就像模特兒一樣，熟練地隨時擺好姿勢，讓人拍下好照片。

1 | 艾根堡的正立面，左右各有一座塔樓，後面也有兩座，代表四季。

2-3 | 城堡內庭以拱形迴廊設計為主，各樓層間又有數間展館隱身其間。入內參觀必須參加導覽團。展館內不可拍照。

4-6 | 在城堡的任何一個地方，隨時都會驚喜地巧遇孔雀。

拿破崙無法攻下的堡壘

離開孔雀城堡，我們回到古城區。高 473 公尺的城堡山（Schlossberg，字面意思即「Castle-Mountain」），其上的堡壘與格拉茲的歷史起源有著重要的關係。原來 15 世紀時，格拉茲為了對付土耳其等外敵入侵，在山上興建要塞；大約到了 16 世紀中期，沿著穆爾河的新城牆逐步建好，山上的小城堡也變成四百公尺長的大堡壘，由來自北義大利建築師設計。

雄踞在整座山的大堡壘，居高臨下，在往後的一、二百年的多場入侵戰事中都固若金湯，最為著名的是拿破崙指揮法軍於 1809 年 6 月打了一場慘烈的戰事，史稱「格拉茲戰役」（Battle of Graz）。當時格拉茲軍隊英勇抵抗，法軍無法攻下此堡壘。可是，拿破崙最終仍打敗了哈布斯堡王朝，統治奧地利八年，期間對於自己無法攻下格拉茲堡壘耿耿於懷，於是憤而下令拆除堡壘。

但格拉茲人支付巨額贖金，以爭取保存堡壘裡沒有軍事防備功能的建築。如今山上的軍事設施所剩無幾，山丘亦被闢為城堡遺址公園，成為此城的第一景點，旅人仍可隱約看到昔日帶有文藝復興風格的防禦建築。

1 ｜ 穿過圖中的拱門，便是第四條的登山路線，我們是行走此路線上山的。
2 ｜ 第四條是緩斜坡，而且大部分都在樹蔭下，所以走起來不辛苦。
3 ｜ 山上的玻璃電梯，就在時鐘塔附近。
4 ｜ 這裡是城堡山廣場，即第二、三條登山路線所在地。

登山的四條路線

　　登上城堡山主要有四條路線，其中兩條要付費，兩條免費，端看時間與體力。第一條是城堡山纜車，纜車站距市政廣場路程約十分鐘。纜車是沿著坡度最陡的纜車車道上行，緩緩將旅客帶到山上的六角鐘樓。第二條是位於城堡山廣場（Schlossbergplatz），距市政廣場路程約幾分鐘。人們沿著陡峭山壁的之字形階梯上山，共有260階。上行有點辛苦，下行就很理想。

　　第三條是玻璃電梯（Glass Lift），同樣是在城堡山廣場。之字形階梯下方山洞裡有電梯，人們可搭乘電梯，快速直達山頂。第四條是卡梅黎特廣場（Karmeliterplatz）對面的步道。從連接市政廣場的斯博街一直走，便能抵達廣場，再穿越拱門拾步而上。像這樣走在緩斜坡上山的還有兩條，不過是在古城區另一邊，比較少旅客會選擇。

第四條與第二條路線是最好的組合

　　城堡山上有幾個古蹟，最出名的時鐘塔位於最低點。除了第一條路線的城堡山纜車外，其餘三條路線的抵達位置都是此鐘塔。上山時，我們選擇第四條路線，此路屬於一條緩緩的上坡路，人們走在樹蔭下繞上去，比較不辛苦；至於下山時，則選擇下行第二條路線的之字形階梯，上行的話一定比較辛苦，但下行就比較輕鬆。對於想依靠雙腳上山和下山的人，上行選第四條路線、下行選第二條路線，無疑是最好的組合。

時鐘塔建於 13 世紀，最早是一座守望塔。
在城內任何地方都可以仰望到這座美麗的時鐘塔，也能清楚看到時鐘標記的時間。

居民拿出畢生積蓄保護的時鐘塔

高 28 公尺的時鐘塔（Uhrturm），在城區任何地方都可以仰望到，也能清楚看到時鐘標記的時間，尤其是在藍天下，那兩根金色的長、短針相當亮麗、吸睛。數百年來，這裡的人對時鐘塔有著深厚的感情，它就像格拉茲的守護神一樣，彷彿世世代代保護著這座城市。我們登上山第一時間便見到這座格拉茲地標，旅客們已經圍繞著它。上述提及拿破崙下令拆除堡壘，全城居民拿出積蓄以爭取保留的，就是這座時鐘塔和山上更高處的八角鐘樓。據說當時一位不知名的商人募集了一筆可觀的金額，才成功收買法軍軍官。

三個不同功能的銅鐘

時鐘塔建於 13 世紀，最早只是一座守望塔，1588 年重建變成現在的面貌。其三角屋頂分別在 1383 年、1450 年及 1645 年掛上三個不同功能的銅鐘，第一個是最大的一個，面向南方，就是朝向市政廣場等古城最核心的地帶，用作報時之用；其後兩個是死刑銅鐘與火警銅鐘。後來死刑銅鐘被拆下，目前只有報時銅鐘和火警銅鐘。

至於塔樓牆壁的時鐘是在 1712 年才安裝的，以代替報時銅鐘。當時的構思是為了讓山腳下的居民容易辨識時間，造鐘時只有一根長針，那就是時針；短針是後來改裝才加上去的。所以旅客們不要奇怪鐘樓的時間竟然與自己手錶的不同，其實是因為長針為時針，短針才是代表分鐘。

時鐘塔雖然是位於整個遺址公園中較低的位置，卻也是欣賞格拉茲全城風景的最好位置，我覺得這個高度不會離市區太遠，角度更理想，剛好把古城區最主要的特色建築盡收眼底。

1 | 時鐘塔附近的露天餐廳，可觀望到另一邊的城市全景。

2 | 時鐘塔下面的美麗花園，自 1930 年起培育了各種地中海植物，如無花果樹、檸檬樹、銀杏樹、紫藤等。圖中的兩個白色方格，是時鐘塔屋頂的兩個銅鐘（原本有三個），分別是報時銅鐘和火警銅鐘。

這座格拉茲的象徵、每面各有五公尺寬的大時鐘，特別之處在於它的時針比分針還長。例如本圖的長針指在 12 點多一點點，短針接近 30 分，因此時間是中午十二點半左右。

在時鐘塔這個位置，我認為是欣賞格拉茲全城風景的最好地點，雖然此處在整個遺址公園中較低，但這個高度不會離市區太遠，欣賞起來更漂亮。

1 ｜ 聖血堂
2 ｜ 格拉茲州政廳、兵器博物館及旅客中心
3 ｜ 格拉茲市政廳
4 ｜ 市政廣場
5 ｜ 能夠遠眺城堡山的百貨公司頂樓（右圖）
6 ｜ 我們的酒店
7 ｜ Kunsthaus 站
8 ｜ 格拉茲現代藝術館

斯達巴斯特監獄

　　人們沿著時鐘塔後面的上坡路繼續前行，不遠處就是斯達巴斯特監獄（Stallbastei），是山上軍事建築的遺址。從整體的外觀而言，它保存得算是完整。資料指出它的城牆有 6 公尺厚、20 公尺高。16 世紀時，這裡曾被用作監獄、砲台及倉庫。我喜歡那道的深紅色城牆，滿布著充滿生命力的攀藤植物。旅客可走進裡面，看到昔日用來抗敵的軍事大砲，從這裡的小平台望出去，也可俯瞰格拉茲城市景色。不過時鐘塔的位置，還是我心目中最佳的觀賞點。

八角鐘樓

　　繼續前行還會遇見不少古蹟，比如哥德式古門（The Gothic Gate）是昔日城牆的通道入口，將軍獅像（Hackher Lion）是紀念哈克少校（Franz Xaver Hackher）在 1809 年那場重要戰事中英勇抵抗拿破崙軍的事蹟，以及城堡山舞台（Schlossberg Stage）等等。走著走著，最後來到八角鐘樓（Glockenturm），是山上另一個重要古蹟。這座鐘樓建於 1588 年，已有近四百多年歷史，也是人民當年向拿破崙軍爭取而倖存的建築。它高 34 公尺，沒有壁鐘，重點是在最頂層懸掛著稱為「Liesl」的大鐘，直徑近兩公尺、重 4,633 公斤，是該州的第三大鐘及最重的鐘。鐘樓下面還有一個稱為「Bassgeige」的地牢，據說也是監禁犯人之用。

　　我們第一天抵達時，傍晚在酒店房間內便聽到洪亮的鐘聲從古城傳來，當時猜想鐘聲大概是來自某某教堂，只是好奇鐘響怎麼這麼久。然後第二天早上 7 點，我們又聽得清清楚楚，而且確實敲得很久。

1 | 斯達巴斯特監獄的深紅色城牆，人們愜意地在城牆下休息和聊天。

2 | 翻拍昔日城堡的完整布局，主要剩下：
　　A | 時鐘塔　　B | 斯達巴斯特監獄　　C | 八角鐘樓

斯達巴斯特監獄是山上古蹟的第二站，其城牆 6 公尺厚、
20 公尺高。登上此處同樣可以觀看到城市全景。

341

八角鐘樓是山上古蹟的第三站，頂部懸掛
著大銅鐘，是該州第三大的銅鐘。每天三
次響起 101 下鐘聲，響遍整座城市。

每天三次敲響 101 下銅鐘

　　後來才知道，這鐘聲就是源自眼前這座鐘樓上面的大銅鐘。目前大銅鐘每大敲響的時間為早上 7 點、中午 12 點及晚上 7 點，每次都響 101 次。為何這麼多次？而且為什麼是 100 ＋ 1 次呢？傳聞大銅鐘是由 101 枚土耳其人攻打此城時留下來的砲彈所鑄造而成的，所以最初設定 101 次鐘聲，就是為了紀念當年英勇抗敵而犧牲的人。

　　八角鐘樓也是城堡山纜車站的位置，坐纜車上山的旅客便由位於最高點的鐘樓開始遊覽，一直往下抵達時鐘塔。我們沒有坐纜車下山，選擇折返回到時鐘塔，再沿著陡峭山壁的之字形階梯下山，從不同的高度看到美不勝收的古城景色。不用多久，我們便輕鬆抵達地面，那裡就是城堡山廣場。地面除了是玻璃電梯的位置，還有一條「城堡山隧道」，這條隧道是打通整座城堡山，以便人們穿過去、前往山的另一邊。我們順道入內走了一趟，雖然沒有走完全程，但相信另一邊的出口同樣會是一幅格拉茲的美麗景致。

1 ｜在斯達巴斯特監獄附近的觀景台，同樣可觀看全城景色。
2 ｜八角鐘樓附近的城堡山纜車站。
3 ｜山上有幾家露天餐廳，可坐擁觀賞景色的好位置。
4 ｜八角鐘樓頂部。
5 ｜山下的城堡山隧道，可通往山的另一邊。

旅行的日子就是要跟日常生活不一樣

旅程最後一天，大約下午2點多，我們便完成全部的行程。大半小時後，我們在酒店房間舒服地吃著 Der Steirer 的炸雞。話說 Der Steirer 這家餐廳與我們的酒店位於同一座建築內，前一天晚上我們在此點了好幾道菜以及一份招牌炸雞，記得當時四周的餐桌上必有一至兩份金黃酥脆的炸雞。炸雞即點即炸，大約二十分鐘後上桌，吃下後實在驚為天人。後來在網路上才知道，炸雞是格拉茲的名菜之一。

維也納炸豬排（Schnitzel）也是旅客必吃的食物。但這趟旅程不單是維也納，其他城鎮我們也吃過不少，卻不知何故，通通無法滿足我們，是我們太挑剔了嗎？然而我們卻念念不忘 Der Steirer 的炸雞，像有一種魔力催使「必須再吃一次」，於是我們離開城堡山後點了外帶餐，而且是兩份炸雞，一人獨享一份，真是超級滿足的下午！

常旅行的人都知道，旅行的日子就是要跟日常生活不一樣，充滿著許多不尋常的驚喜。我們可以為著「一個在旁人眼中認為莫名其妙或不可理喻，而自己卻視之為天下沒有比這個更重要的原因」，任性地做著同一件喜歡的事情，任性地造訪同一個喜歡的地方……還有任性地吃著同一種喜歡的食物！▤

1 ｜ 我們沿著時鐘塔下方的之字形階梯下山。
2 ｜ 這是 Der Steirer 的兩份炸雞，我們就在房間內慢慢享用。
3-4 ｜ Der Steirer 正門及內部。

時鐘塔與之字形階梯，
是旅程最後一個走過的地方。

新書《荷蘭比利時魅力繪旅行》正如火如荼地籌備出版中，而本書也正值再版前夕，我有感於「畫作」的重要性，使自己的旅遊書比其他旅遊書多了些獨特性，因此各寫了一篇屬於該書畫作的背後故事。

本書畫作的總數量超過一百幅，坦白說，若不藉這次的機會，自己還沒想過要盤點。但超過一百幅，這數字好像具有達成什麼重要任務般的象徵意義。事隔數年後，重溫這百餘幅畫作，記得有些當時覺得畫得很不錯，而今日細看仍感到驚喜，它們帶給我的滿足依然那麼強烈。想和大家分享較具代表性的三幅，包括成為初版封面的維也納國家歌劇院（第 85 頁）、以及兩幅格拉茲畫作（第 317、331 頁）。新版前言提過，格拉茲畫作入選義大利國際性展覽，挑選去參展的就是這兩幅，而第 331 頁這一幅得以入選，實在深感榮幸。

特別要說，全書中有十多幅是在奧地利旅行期間便完成的寫生畫作，例如在薩爾斯堡酒店內畫的薩爾斯堡火車站（第 163 頁）、站在格拉茲街頭畫的古城（第 305 頁）

等等。誠然，寫生畫作的美或精緻度，受制於時間及現場等客觀因素，通常難及在工作室慢工細活完成的畫作。不過，「邊旅行邊畫畫」最獨特的美感，就是滿載著繪者在當下那刻、全心投入作畫的感受，我相信愛旅行、愛畫畫的人必有同感。這批「不算很美、不很精緻的寫生畫」，伴隨著記錄自己現場寫生模樣的照片，其實是重溫本書時最觸動自己的部分，那些種種難忘的片段都清晰地重現眼前。（關於奧地利寫生與相關技巧等內容，我在《水彩的30 堂旅行畫畫課》新版內有深入的分享。）

交互檢視數年前的奧地利畫作，與近期的荷蘭、比利時畫作，對我是個寶貴的回顧過程，我也連結到在兩段旅行之間的疫情歲月中，自己曾一度失去繪畫熱忱、終又走出陰霾的心路歷程，並發展至苦思外國旅行以外的新題材與鑽研技巧。值得感激的是，現在畫作得以入選國際性展覽的成績也逐步累積起來，希望我的創作足跡能帶來些許的啟發或鼓舞，祝願各位追夢人繼續奮鬥，早日抵達目的地。

1 ｜我在維也納一家美術館內寫生。
2 ｜圖中總數有接近三百幅畫作，都是我近年為幾部旅遊書專門繪製的，
　　分別是西班牙（左上）、義大利（左下）、奧地利（右上）及荷蘭（右
　　下）。
3 ｜《水彩的 30 堂旅行畫畫課》新版，記載了奧地利寫生的故事。

關於作者
文少輝 Man Siu Fai, Jackman

香港土生土長的畫家及作家,成立「文少輝工作室」(Man Siu Fai Studio)。喜愛旅遊的 Jackman 擅長繪製水彩風景畫,曾踏足的國度都是他的創作題材,包括瑞士、義大利、西班牙、奧地利、荷蘭、芬蘭、日本、台灣等各地大城小鎮景色。近年回歸本地,傾力以香港為主題,以畫作分享他的香港印象與體悟。

Jackman 至今發表 17 本著作,主要包括「深度旅行 繪畫」及「繪畫教學」兩類。前者為婚後每一回長途旅行的經歷彙整,既是指南,也是畫冊,每一本都有太太傅美璇(Erica)的同行與協力,如《義大利經典繪旅行》、《最完美的瑞士之旅》系列等。後者如《水彩的 30 堂旅行畫畫課》、《一學就會!水彩實戰教室》等,是廣受走在自學繪畫路上的讀者所喜愛的實用手冊,每本都傾注其創作心得與深厚的藝術教育經驗。

除了創作、著述與教學,Jackman 的作品亦多次入選國際藝術獎項及展覽,部分入選畫作收錄著作中。歡迎大家一起走進文少輝的水彩風景世界。

著作

《荷蘭比利時魅力繪旅行》、《一學就會!水彩實戰教室》、《奧地利最美繪旅行》、《冬季瑞士》、《芬蘭與波羅的海三國繪旅行》、《最完美的瑞士之旅》、《最完美的瑞士之旅 2》、《水彩的 30 堂旅行畫畫課》、《日本見學深度慢遊》、《邊旅行,邊畫畫》、《義大利經典繪旅行》、《日本鐵道繪旅行》、《漫畫廚房》、《西班牙繪旅行》、《畫家帶路,JR Pass 遊日本》、《畫家帶路,丹麥尋寶記》及《Stars in the sky》。

電郵:info@mansiufai.com
臉書:文少輝工作室
網站:www.mansiufai.com
IG:jetravelnillustration
Pinkoi:hk.pinkoi.com/store/mansiufai

大澳畫作於美國參展的現場。

獎項與參展

- 2023 年　IFAM Global 國際在線評審藝術比賽（馬來西亞）
- 2023 年　日本国際水彩画会：第 23 屆國際水彩比賽（日本）
- 2023 年　台北新藝術博覽會：國際藝術家大獎賽（台灣）
- 2023 年　The International Watercolour Masters Contest（英國）
- 2022 年　155th Annual International Exhibition of the American Watercolor Society（美國）
- 2022 年　IFAM Global 國際在線評審藝術比賽（馬來西亞）
- 2022 年　文少輝水彩個人展覽（香港）
- 2021 年　IFAM Global 國際在線評審藝術比賽（馬來西亞）
- 2019 年　The International Watercolor Contest 2019 of Galleria Esdé（義大利）

1 | 此畫以香港深水埗的俯瞰街景為主題，入選 The International Watercolour Masters Contest（英國）。
2 | 此畫以一座位於香港灣仔的轉角樓為主題，入選 IFAM Global 國際在線評審藝術比賽 （馬來西亞）。

此畫以香港大澳為主題，入選 155th Annual International
Exhibition of the American Watercolor Society（美國）。

351

奧地利最美繪旅行

│暢銷新修版│

作　者	文少輝、傅美璇

社　長	陳蕙慧
副 社 長	陳瀅如
總 編 輯	戴偉傑
主　編	李佩璇
特約編輯	李偉涵
封面設計	陳宛昀
內文排版	李偉涵
行銷企劃	陳雅雯、張詠晶

出　版	木馬文化事業股份有限公司
發　行	遠足文化事業股份有限公司（讀書共和國出版集團）
地　址	231 新北市新店區民權路 108-4 號 8 樓
電　話	(02)2218-1417
傳　真	(02)2218-0727
Email	service@bookrep.com.tw
郵撥帳號	19588272 木馬文化事業股份有限公司
客服專線	0800-221-029
法律顧問	華洋法律事務所　蘇文生律師
印　製	凱林彩印股份有限公司

初　版	2020 年 2 月
二　版	2024 年 1 月
定　價	540 元
I S B N	9786263145542
E I S B N	9786263145580（PDF）
	9786263145573（EPUB）

國家圖書館出版品預行編目 (CIP) 資料

奧地利最美繪旅行 / 文少輝，傅美璇著 . -- 二
版 . -- 新北市 : 木馬文化事業股份有限公司出
版 : 遠足文化事業股份有限公司發行, 2024.01
352 面 ; 23×17 公分

ISBN 978-626-314-554-2（平裝）

1.CST: 自助旅行 2.CST: 奧地利

744.19　　　　　　　　　　112020637